BITCOIN
LEGEND 比特币
传奇

荆涛◎著

煤炭工业出版社

·北 京·

图书在版编目（CIP）数据

比特币传奇／荆涛著．－－北京：煤炭工业出版社，
2019（2021.1 重印）

ISBN 978－7－5020－7119－6

Ⅰ．①比…　Ⅱ．①荆…　Ⅲ．①电子货币—研究　Ⅳ.
①F830.46

中国版本图书馆 CIP 数据核字（2018）第 291483 号

比特币传奇

著　　者	荆　涛	
责任编辑	高红勤	
封面设计	胡椒书衣	

出版发行　煤炭工业出版社（北京市朝阳区芍药居 35 号　100029）
电　　话　010－84657898（总编室）　010－84657880（读者服务部）
网　　址　www.cciph.com.cn
印　　刷　三河市嵩川印刷有限公司
经　　销　全国新华书店

开　　本　710mm×1000mm$^1/_{16}$　**印张**　16　**字数**　210 千字
版　　次　2019 年 3 月第 1 版　2021 年 1 月第 2 次印刷
社内编号　20181753　　　　　　　**定价**　48.00 元

前　言

　　比特币，目前火得发烫的一个"名词"，它从一文不值到身价过万用了不到十年的时间。有人把比特币比喻成"变态"币，一路带着节奏、高歌猛进的比特币确实像一个处于"野蛮成长期"的年轻人那样，充满着无限活力。甚至有人畅想：有朝一日，比特币将取代美元，成为一种世界性的法定货币。俗话说："一千个人的眼里就有一千个哈姆雷特。"事实上，比特币从诞生之日起，就成了热议焦点屡登头条，这也让那些苦苦想要上头条博眼球的人"羡慕嫉妒恨"！

　　比特币为何这么受关注？真的是因为它奇货可居吗？一位比特币的投资者是这么认为的："全世界只有2100万枚，难道这还不算稀缺资产吗？如果比特币数量可以无限复制，那一定是不值钱的！"我们知道这样一个价值定律：稀缺数量决定价值大小。黄金、白银等贵金属之所以值钱，就是因为其资源有限。历史上出现的"金本位"体系就是以黄金为本位的经济体系，为此地球上还爆发过大面积的"黄金争夺战"！如果以数量进行衡量，比特币似乎比黄金还要贵重。

有人说比特币是一种宝贵资源，甚至是一种不可再生的资源；也有人说比特币完全是炒作出来的产物，是一个惊天骗局。举个例子：按照一定的计算方式，通过消耗"算力"，我们就可以得到比特币；如果按照其他计算方式并消耗算力，我们也可以得到其他类别的数字货币，比如莱特币、狗狗币、龙币等，以此类推，比特币似乎是完全不值钱的！比特币的"价值属性"，似乎又完全符合庞氏诈骗逻辑。比特币是人还是鬼，到现在为止还没有一个正确结论。

不管如何，比特币是一个新事物。面对一个新事物，我们似乎不应该用一种过于严厉的态度去对待它，许多人更喜欢用一种发展的眼光去对待它。比特币从出生到现在也仅仅只有十年时间，十年对于人类历史而言仅仅只是一个"标点"符号而已。或者说，比特币是一种"价值思考方式"，获取它的目的并不是让它变得"值钱"，而是为了审视、衡量人们的价值观、世界观。

货币，不仅仅只是一种等价符号，它还要承担起更多的社会责任。如果有人愿意接受比特币作为"货币"进行商业交易行为，为何我们还要制止呢？还有一些人开始呼吁："我们需要'去中心化'的货币，但是不需要比特币。"这样的呼吁，是一种对政府的喊话。众所周知，比特币是一款"区块链产品"。区块链技术是一项非常先进的技术，甚至具有颠覆性意义。如果政府依靠区块链技术开发具备法币效力的数字货币，是否会带来划时代的意义呢？

圣雄甘地有一句话："一开始他们忽略你，然后他们嘲笑你，接着他们攻击你，最后你获胜。"如今，比特币还不能用"夹缝中求生存"来形容，至少它的身后还有一群狂热的粉丝为它摇旗呐喊！因此，也请广大读者或者对比特币感兴趣的朋友跟着我一起走进《比特币传奇》。

荆涛

2018 年 9 月

目　录

第一章

数字货币的
起源

1. 从原始货币到数字货币

　　人类文明的标志，大概就是从原始社会的"原始交易"开始的。原始社会，什么东西都是原始的，风餐露宿、茹毛饮血，生产工具也是非常简单。真是应了相声段子里的一句话："用我手里的蒜换你手里的葱，用我手上的布换你手里的肉。"原始社会是以物易物的社会，根本没有货币这种东西。

　　后来原始人认为"以物易物"太麻烦了，如果用一头牛肉换一把菜刀，不仅牛的个头太大，难以挪动，而且还存在一定的风险。因此，一种贝壳类的原始货币出现了。《尚书·盘庚中》记载："贝者，水虫，古人取其甲以为货，如今之用钱然。"贝壳币，就是一种原始货币，我们也可以把它称为"自然货币"。这种货币五贝为一串，两串为一朋。由于贝壳币产自海洋，在当时的社会数量甚为稀少，因此贝壳币非常值钱。由于贝壳币的数量实在是太少了，后来一些"代贝壳币"也纷纷出现，比如骨币、石币等。

随着社会的发展以及人类文明的进步，另外一种货币出现了，这种货币叫"金属货币"！如今，金属货币依旧存在，比如人们使用的"钢镚儿"就是一种金属货币。奴隶社会时期，人们就已经掌握了"冶金术"，同时也把金属当成一种非常宝贵的资源。

人们都知道，在信用货币出现之前，货币就是"钱"，是一种价值衡量单位，它本身也要具备一定的价值。金属作为一种"稀缺品"，自然也就成为铸币的最佳原材料。金属化学性能稳定、易于分割和保存，用金属铸造的货币一经上市就引起了强烈的社会反响。司马迁在《史记·平准书》中写道："农工商交易之路通，而龟贝金钱刀布之币兴焉。所从来久远……虞夏之币，金为三品，或黄或白或赤或钱或布或刀或龟贝。"这段话的意思说，虞舜王朝和夏朝的时候，自然货币和金属货币已经同时存在了。但是随着时间的推移和冶金术的提升，金属货币逐渐代替了原始货币，人类也由此进入了金属货币时代。

古往今来，金属货币通常有四种材质：金、银、铜、铁。其中金和银为贵金属，铜和铁为贱金属。我们最为熟知的"铜钱"，就是一种币值较低的金属货币，比"铜钱"值钱的还有银锭和金元宝。封建社会时期，穷人家庭主要用铜钱，银锭、金元宝则属于上流社会。因此有人说："金属货币带有一种阶级属性。"虽然金属货币凭借其良好的物理特性和"手感"主导货币史几千年，但是另外一种货币也开始跃跃欲试了，这种货币就是"纸币"！

北宋时期，一种名为"交子"的东西出现了。其实"交子"就是一种纸币，这种纸币最早出现在四川，是一些不便携带巨款的商人为了交易之便而印制的一种"价值凭据"。商人们用"交子"进行交易，等同于背着一麻袋铜钱进行交易。商人们用铜钱换取"交子"的柜房被称为"交子铺"，"交子铺"也就是我们现在所说的银行。由于历史原因，"交子"并未得到大范围的推广，"交子"不稳定的化学属性决定其无法撼动金属货币的地位。

1661年，欧洲大陆也开始出现纸币。瑞典银行最初发行的纸币并无"价值"，因为发行数量巨大，这种纸币并不能兑换相应价值的金属货币或者购买相同价值的物资。换句话说，这种纸币更像是一种花纸头。直到1694年，英格兰银行发行的"银单"才具有实际意义上的货币价值。后来纸币不再手写，而改成印版印刷，逐渐有了现代纸币的影子。如今世界上有200多种纸币，流通于190多个国家和地区。

有人说："时代是不断进步的，任何一种事物都有可能卷进历史的洪流，被另外一种事物所代替。"随着互联网时代的到来，货币又有了新的变化。

首先，电子货币出现了。什么是电子货币呢？严格来讲，电子货币并不是一种货币，它只是一种技术，或者是一种电子化的转账工具。人们通过扫二维码，可以将自己银行卡里的现金转移到商家的银行卡或者现金账户上。这种货币是无形的，它只是以一种符号的形式存在。与这种"电子货币"不同的是，游戏币也是一种电子货币，比如Q币。人们可以用现金账户购买价值相同的Q币，实现腾讯公司所属业务或服务的购买需求。从某个角度上讲，Q币也具备价值交换功能，只不过Q币的流通范围仅限于腾讯公司相关的业务。

随后，数字货币也出现了。数字货币与电子货币完全不同，它是借助特定的算法，通过算力获得的。这种货币不依赖于政府信用体系，完全是一种基于互联网P2P技术的去中心化的货币。这种货币，人人都可以挖掘，人人皆可创造。著名的比特币就是一种数字货币，它已经成为当今最吸引眼球的一种货币符号。

数字货币不仅仅只是一种概念，而是被人们手把手地创造出来的新型货币形式。也许，数字货币还暂时无法取代其他法定货币，但是它的出现已经潜移默化地改变了人们的思维，进一步推动了数字货币的发展。或许未来有一天，数字货币也会成为一种广泛流通的法定货币。

2. 数字货币的原理

　　我们常常思考：一只鸡是如何诞生的？是先有的鸡蛋，还是先有的鸡？世界上的人也因此分成了两派，并为此争论不休。货币又是怎么诞生的？当我们思考这个问题时，自然会联想到人类的文明社会。这个问题是有根可循的，它完全不同于"先有鸡蛋还是先有鸡"这种需要诡辩的问题。货币的发展，是人类文明史的发展。比如，金属货币标志着人们对金属冶炼技术的掌握和铸币技术的发展，金属货币越来越"精美"，以至于它变成了一件"艺术品"。依赖于铸造技术和人类文明的发展，更加先进、安全的货币也会登上人类世界的舞台。数字货币，就像一个戴着神秘面纱的"乘客"，它出现在人类世界，引发人们对它的好奇。事实上，数字货币与鸡蛋和鸡一样，它并不是凭空产生的，它是伟大的人类基于互联网技术和区块链应用而设计出来的。数字货币是一件应景之作，它依旧延续了货币在人类社会中的存在价值。

数字货币代表着一种技术，它有着神秘的制作原理。众所周知，数字货币不同于任何一种货币，它没有重量，没有体积，没有质地，甚至完全是"虚无"的，肉眼看不到的。它仅仅存在于虚拟空间里，是一种没有"货币"自然属性的"货币符号"。而它的的确确是一个符号，由一堆代码组成，看上去就像某种"电脑纹身"……数字货币的原理到底是什么呢？

首先，我们不得不提"P2P"这个概念。什么是P2P呢？P2P即"Person-to-person或"peer-to-peer"，是一种对等计算机网络。在P2P中，共享性、对定性、无中介性似乎成为它的最大特点。人们对P2P的具体定义是这样的："人们在网上共享他们的一部分硬件资源，这些资源可以通过互联网提供有价值的信息，这些信息都可以被另外一个对应节点上的用户直接访问并使用，且不需要'中间商'提供访问服务。"我们可以把P2P看成一个没有支点的天平，天平两端的节点是平等的，没有主次之分，也无阶级之别。因此P2P中的任何一个节点，既是资源的参与者和分享者，又是资源、内容的获取者。任何一个节点都具有功能、职责的"交互性"和"对等性"，因此P2P技术让交易变得更加简单、直接，完全消除了"中间商赚差价"这一现象，并且把权利交还给了用户。

数字货币是一种P2P形式的货币，它不依赖于"铸币机构"，甚至不需要信用价值机构赋予"法定"价值，它是依照某种"算法"而产生的，是一种"去中心化"的货币形式。当然，许多人并不承认数字货币是一种"货币"，它更像是一种"等价交易"形式，但是这种"等价交易"形式不也是法定货币的属性吗？只不过它并未被广泛认知，而"技术"等方面的限制令数字货币的发展仍旧处于一种被观望的阶段。

其次，我们还要提到"Ledger"这个词。"Ledger"是账本的意思，也就是数字货币的钱包。只不过这个钱包与装现金的钱包不同，它是虚拟的。数字货币的总账本被托管在分散在世界各个角落、并运行着数字货币软件的服务器里。这些分散在世界各地的服务器可以看作一个"节点"，无数个"节点"就会形成一张数字货币网。因此，数字货币的"Ledger"是广泛分布于世界里的，就像繁星之于宇宙般神奇！而这些数字货币服务器同步和验证总账的机制，我们称为"共识"。举个例子，一个人想要发起一笔交易，将一笔钱转给另外一个节点上的朋友。在发起"交易"的同时，一组被信任的服务器对该"交易行为"进行核实，并确定该交易是否有效。在另外一端，也就是收款一方，则需要准备具有相同价值的物品，即等价物。当这个"等价物"也被核实有效后，这笔交易才能被通过，并最终实现交易。或许有人抱着脑袋纠结："这么麻烦的交易过程，岂能比得上一手交钱一手交货？"这样的纠结完全是没有必要的，因为基于P2P技术的数字货币在交易过程中可以瞬间完成，尤其在两个节点"跨距"非常大的情况下，即使一个北京人向太平洋对面的洛杉矶人发起交易，也会瞬间完成。数字货币技术是非常先进的，甚至可以用"颠覆"二字来形容。

数字货币的技术原理说简单也简单，说复杂也十分复杂，它的出现是令世人值得庆祝的。未来数字货币或许存有很多不确定的"可能"，这些"可能"也是我们保持关注的重要原因。

3. 数字货币的技术特点

数字货币自诞生之日起，就引起了巨大的关注。许多人认为："数字货币是跨时代的，它完全有可能取代传统的法定货币。"当然，是否能够成为"法定货币"尚不可知，至少数字货币的技术已经引发各国金融界的重视。

茹毛饮血的年代，虽然人类对货币的定位仍旧处于模糊阶段，但是货币的三种"作用"已经凸显出来。第一种作用，等价交换。简言之，就是具备以物易物的功能，这种功能是货币的基础功能。第二种作用，达成契约。交易行为是一种契约行为，在双方达成某种契约后，交易才能进行。从某个角度看，货币也成了一种契约标志物。第三种作用，价值积累。价值积累就是一种财富积累，这种积累可以成为一种个人的财富，也可以成为一种国家的财富，这种财富对经济发展有调节作用。当然，传统货币的"价值"依赖于主权政府的信用背书，而数字货币也是去中心化的，不依赖于任何权威信用机构。因此人们质疑数字货币："没有主权政府的信用背书，数字货币很难产生实际价值！"当下，数字货币仍旧以一种技术形式被人研究，也有许多国家银行有意向开发具备政府背景的、拥有法定货币属性的国家数字货币。如果这样的拥有政府信用背书的数字货币被开发出来，数字货币就是一种法定货币。

如今，也有一些人对数字货币的认识存在不足，他们简单地把数字货币当成虚拟货币的一种。数字货币虽然也是"虚拟"的，但是与真正的、常见的虚拟货币还有所不同。举个例子：Q币是腾讯公司开发出来的虚拟货币，人们可以用现金购买Q币，然后在腾讯公司旗下的各种业务内进行使用和消费，但是这种虚拟货币是一种"中心化"的货币，它完全是一家公司所赋予的价值。数字货币与虚拟货币有三点不同：第一，数字货币储存在基于区块链技术的分布式账本里；第二，数字货币的加密方式是采取一种密码学非对称式的加密方式；第三，数字货币的信用背书机制是一种"数学算法"的信用背书机制，它不依赖于某个中心化的机构。以上三种不同，也间接体现了数字货币的一些技术特点。

首先，数字货币是一种数字化的、程序化的货币，它是通过"编程"而产生的。数字货币没有纸币的外形，它是一串数字符号，就像人民币百元大钞左下角的"编号"。如今，许多数字货币的编程技术是"开源"的，热衷于数字货币研发的人，都可以利用这种"开源编程技术"开发属于自己的数字货币。从另外一个角度看，数字货币的开发尚处于一种不可控的、较为混乱的状态。甚至有一些不法分子利用数字货币从事一些违法勾当，比如诈骗、洗钱、毒品交易等，因此数字货币也逐渐成为各国政府严加监管的一个对象。

其次，数字货币是一种靠"数学算法"得来的货币，比如比特币就是根据中本聪的算法而产生的。数字货币的"数学算法"并不像"1+1=2"那么简单，它有个专业名词，叫哈希算法。哈希算法也叫"摘要算法"，它可以把任意一个数据通过函数转化成一个长度固定的数字符号，而这串长度固定的数字符号与函数之间形成一种映射关系。哈希算法是一种"单向算法"，就像一条单行道，汽车只能在单行道上单向行驶，而不能掉头逆行。因此，通过哈希算法所产生的数字符号是高度一致且不可更改的，而这种算法也能够实现全球共识。因此，数字货币拥有高一致性、不可更改性、高透明性等特点。

再次，数字货币是一种自治货币，它不依赖于某个人、某个组织的意志，不以该意志为转移。因此，它完全是去中心化的，能够在区块链上实现端对端、点对点的瞬间交易，它完全不需要人为进行干预。举个例子，比特币自主在区块链上的自主程序上进行运行，也完全不被中心化程序或者机构所控制，也不需要雇佣"维护员"进行专门维护。或者说，它就像一个程序，这个程序一旦运行，便处于一种自治的、自动化的运行模式。由此可见，如果数字货币有朝一日成为法定货币，将大大降低相关的管理维护的成本。

另外，数字货币还是一种匿名货币，一种加密货币。与数字货币相关的区块链技术，也非常值得人们关注。数字货币是跨时代的，它的开发技术不应该被人们忽视，而应该成为人们关注的焦点，或者成为人们开发世界、改造世界的一种工具。

4. 数字货币的发展方向

　　人类社会还在不停地发展，而发展就会有"更替"。这种"更替"是偶然的，也是必然的。金属货币代替原始货币是一种偶然和必然，纸币代替金属货币是一种偶然和必然，电子货币代替纸币，或许也是一种偶尔和必然。如今，人们购物、消费离不开各种各样的二维码，"二维码支付"已经逐渐取代了现金支付。举个例子：人们常常会遭遇一种尴尬，忘记带钱包或者在掏口袋的过程中纸币损毁或者丢失，而"钢镚"更是令人"讨厌"的，甚至有下水道工人每年可以清理并打捞出数以万计的各种币值的"钢镚"。自从有了"二维码支付"，人们不再担心这种问题，只要有互联网覆盖的地方就可以进行扫码付款。"二维码支付"是一种支付革命，让人们完全可以摆脱"落后"的现金生活。二维码支付手段也能够有效抑制"假币"的泛滥。可以说，"二维码支付"作为一种新型支付手段，正在改变世界。

"二维码支付"仅仅只是一种支付手段而已，它只不过充当了一个电子钱包的角色。数字货币则完全不同，它本身就是一个"钱包"，而且还是一种安全系数高、不容易篡改、数字加密程度高、可以实现点对点瞬间交易的货币。从技术上看，数字货币的"颠覆性"技术似乎超过了"电子钱包"的技术含金量。甚至有人预测："数字货币是未来的货币发展的终极形式，也是一种流行于世的支付形式。"当然，任何货币专家、金融专业人士、数字货币的爱好者和投资者都无法判断数字货币的最终发展方向和发展结果，如同人们无法预知癌症将于未来的哪一天能够被彻底攻克一样。数字货币是一个新鲜事物，因此人们对它抱有各种各样的幻想，有好的幻想，也有坏的幻想。

众所周知，当今社会，人们购物、消费、转账、交易等采取较为传统的支付方式，比如银行卡刷卡、银行转账、跨境汇款等，这些方式都存在一个问题：完成交易的时间较长。通常而言，银行卡刷卡以及银行转账通常需要0~24小时到账，跨境汇款可能要更久。对于那些急需用钱、或者需要即刻"大额"的转账汇款业务的人来说，存在这样的时差简直是要命的。为什么会造成这样的"时差"呢？原因有三个：一、技术方面的限制。现代银行或金融机构的相关的技术依旧采取传统的技术，这种技术是一种"中心化"技术，任何信息都要经过"中心化"数据处理后，才能实现转账或者交易；二、"中心化"处理并不完全依赖于互联网程序。每一个"审账"细节都需要"人力"完成，也就是说，一笔交易的背后可能需要一整个"中心化"人力团队来一步一步审核完成，审核交易需要消耗一定的时间；三、"中心化"的数据是建立在法律法规监管之上的，层层审核同样消耗大量的时间和精力。综合来看，传统的货币转账、交易的速度是缓缓的，而且在消耗人力的过程中便产生了大量"人力支出"。与传统支付交易系统相比，采取数字货币交易可以实现点对点交易的瞬间完成，交易耗时只需8秒钟。另外，数字货币交易系统是去中心化的，它无须"中心化"的人力管理与人工审核，可以大大节省这种"人力开支"。因此，我们可以用"多快好省"四个字来形容数字货币的交易系统，这样的高效交易系统是未来人们所需的！

另外，数字货币交易系统是一个安全的、不可撤销的交易系统。也就是说，一方向另外一方发起交易，交易契约一旦达成，交易便在8秒钟内实现完成，而交易所产生的交易记录会被永远保存在所在的交易区块里。或许有人疑问："难道黑客也不能篡改或者删除交易记录吗？"在数字货币领域里，只有穷尽全网51%的算力才能进行这样的删除或者篡改工作。不可撤销且安全的交易系统，同样也是数字货币值得关注的地方。当然，数字货币还具有"可追溯性"的特点，每一笔交易的交易信息都可以进行查询。如今，有一些国家已经采取数字货币的底层技术即区块链技术进行反洗钱工作的开展，并取得了一定的成绩。

数字货币既是一种货币，又是一种技术。数字货币有可能无法成为法定货币，但是数字货币技术则非常有发展前景。或许未来某一天，数字货币可以给人们带来全新的支付体验和生活方式。

5. 数字货币对金融的影响

有位哲人说过一句话："当一个竞争对手出现在你的面前对，战争就打响了！"数字货币是一种非政府发行的货币，它似乎是顽皮的、先进的、极具革新精神的。它没有政府赋予的权威的信用背书，更不需要监管机构的监管，它的"去中心化"似乎是一种主权宣誓，但是它不依赖主权，谁也无法控制它。因此，它的出现给传统的金融体系带来了巨大的冲击。

数字货币虽然是一个新颖的事物，它给人们带来一股春风，似乎也符合"自由精神"的时代潮流，但是数字货币更像一只没有被驯化的野兽，它存在着诸多不可控的风险。这种风险令人们感到担忧。数字货币带来的风险有这么几个：一、数字货币的币值完全取决于市场的敏感度，暴跌或者暴涨或成为常态，币值的暴涨与暴跌也会改变人们对"投资"的认识。二、数字货币的"钱包"并不是绝对安全的，那些本领了得的黑客们完全有本事可以把数字货币从所谓的"钱包"里盗走，那些想要把数字货币存在钱包而一劳永逸享受太平的投资者恐怕要担心了，因为风险无处不在。三、数字货币是没有"中间平台"提供担保的，只要发起交易，交易一方就是整个交易活动的直接参与者，且交易不可撤销。这些风险，一方面是技术漏洞带来的风险，另一方面是缺乏监管而带来的风险。

人类社会需要"中心化"，"去中心化"或许让人类陷入更加荒谬和无价值的混乱之中。这种"去中心化"的风暴极具欺骗性和冲击性，对现实的"中心化"的金融体系造成了巨大的影响。如今，越来越多的人要求将"公权"交给自然人的手上，这不仅会导致政府"执行权"和"监督权"旁落，也会导致政府以及金融系统的公信力的下降。短时间来看，数字货币会对金融社会带来较大的负面影响。因此世界各地纷纷推出"禁令"，用政策和法律阻止数字货币进入传统的、中心化的金融系统；但是另外一面，许多国家也正在想办法将数字货币"中心化"，以便为未来的"数字化金融"做准备。

数字货币不被法律承认，因此数字货币的"盗窃案"也很难通过法律法规进行起诉、公审。在这方面，数字货币的社会地位恐怕还不如被法律认可的虚拟货币的社会地位。举个例子，某游戏玩家的游戏装备被盗，而该游戏装备已经被法律规定为"有保护"的法律财产，因此该游戏玩家报警后，司法系统便立案进行相关的调查。由此来看，数字货币只有被社会和法律所认可，其地位才能够得到巩固，人们才能够大胆地、放心地使用数字货币，并且使用数字货币进行交易。当下，数字货币仍旧属于一种尴尬的"角色"，而这一种尴尬的"角色"在未来某天能否有所改变，也难以做出准确预测。有些人用"迷雾重重"来形容数字货币的未来，还有些人则彻底看衰数字货币，并认为数字货币只不过是"昙花一现"而已，并不会对传统的金融体系造成本质上的影响和地位上的撼动。数字货币带来的"交易风险"只能转嫁到个人身上，使用数字货币的人在"财产"得不到法律保护的情况下，也会逐渐抛弃数字货币而选择传统金融体系内的投资和法定货币形式的投资和管理。

数字货币的各种风险以及没有法律保护的合法地位，是难以令其走上主流金融舞台的因素之一。数字货币想要改变这一现状，只能让政府机构赋予合法地位后才能产生更加积极的社会意义。当然，数字货币的发行也会影响到政府中央银行的一部分重要收益。比如，数字货币的产生不依赖于传统"铸币机构"的生产，从而降低了政府中央银行的铸币税。什么是"铸币税"呢？简言之，就是国家铸币机构通过发行法定货币而弥补政府财政支出的一项重要手段。铸币税是一种重要的税收，它依赖于中心化、垄断化、权威化的法定货币控制权和发行权。很显然，数字货币并不能给国家政府带来这种"好处"，而且它还会扩大政府的资产负债率。

俗话说："天下大势浩浩荡荡，顺我者昌，逆我者亡。"互联网时代，未来社会呼求一种这样的货币。它流通速度快，交易效率高，有追溯性和可查性，不依赖中间环节的控制，完全是自由的、平等的。数字货币或许并不是一种"货币"，它只不过是一项伟大的、具有跨时代意义的技术而已。而这种技术对未来的金融发展有促进作用，而非"阻碍力"。存在即是合理，数字货币的出现也并非"昙花一现"，它代表了一种方向。如果人类文明发展能够按照"自然规律"前行，或许数字货币就产生了预兆与揭示的意义了！

6. 数字货币"大家族"

数字货币代表着一种技术，运用这种技术开发数字货币，能够开发出无数个品种的数字货币。因此，数字货币是一个大家族，就像存在世界上的各种纸币品种那样。许多人热衷于新鲜事物，同样热衷于数字货币的开发。据有关机构统计，全世界有超过一万人从事数字货币的开发工作。

最有代表性的数字货币是比特币，比特币也是当下最热门的数字货币，它诞生于2009年的夏天，发明人是神秘人物"中本聪"，到目前为止，"中本聪"是一个人还是一个团队，尚不得而知。随着比特币的出现，人们逐渐开始对数字货币这一事物进行关注，有许多人成为"比特币"的投资者，并且从投资市场中大赚一笔。比特币看上去确实有些"变态"，它的币值像过山车一般涨涨跌跌，令许多投资者又爱又恨。在中国，比特币的所有交易窗口均已经关闭。比特币到底是好还是坏，依旧是争论不断。

莱特币，另外一种知名的数字货币，这种数字货币也是采用了一种"类比特币"的算法而得到的。与比特币相比，莱特币也有自己的"特色"。比如莱特币每2.5分钟可以处理并形成一个区块，而比特币则需要10分钟处理并形成一个区块；比如莱特币的预计产出的总数量要比比特币多，众所周知，比特币的总数量为2100万枚，而莱特币的总数量为8400万枚。俗话说："物以稀为贵！"比特币的币值还是比莱特币值钱，莱特币只能充当比特币的小弟。另外，矿工挖掘莱特币也会更加容易一点。

狗狗币，是由一个澳大利亚的数字货币爱好者杰克逊·帕尔默与美国俄勒冈州波特兰市程序员帕尔默两个人共同开发的。狗狗币，听上去非常可爱的一个名字……当然给它取什么名字是开发者自己的事情。他可以叫它狗狗币，当然也可以叫它猫猫币、兔兔币等。狗狗币也是世界上知名度很大的数字货币，曾经拥有仅次于比特币的用户人数。或许人们因为它那"可爱的名字"而趋之若鹜吧！当然，这样的解释是牵强附会的。据了解，狗狗币拥有自己的核心文化，即草根文化、慈善文化和小费文化。看上去，狗狗币是一种非常接地气的数字货币，而它数量更多，价格更低，交易更加方便，非常适合"打赏"！如今，许多年轻人喜欢"直播"，用狗狗币打赏似乎比"刷火箭""刷跑车"更有趣。

元宝币，一种听上去很有"财运感"的数字货币，也是中国人自己发明的数字货币。元宝币是由国内一个名为"元宝"的团队研发出来的，有中国的比特币之称。元宝币的创始人叫邓迪，也是一个比特币爱好者。由于我国禁止数字货币的交易和流通，元宝币交易平台也已经关闭了。我们只能用"昙花一现"来形容这种数字货币。元宝币并未给人们带来真实的"财运感"，仅仅只能给人带来"一声叹息"！这种"叹息"并不是一种"生不逢时"的遗憾感，而是对一种"短命事物"的感慨罢了。

瑞波币，另外一种数字货币，瑞波币的总数量为1000亿枚！这完全就是一个天文数字了，即使地球拥有80亿人口，人均还可以平分12.5枚。数量摆在这里，瑞波币就不可能像比特币那么"值钱"了。2018年初，瑞波币迎来一波涨幅，它的市场价值超过另外一个著名的数字货币——以太币，成为世界第二大加密数字货币。

以太币是世界上著名的"以太坊"公共区块链平台所开发的，因此它在数字货币领域内也有较高的知名度。众所周知，"以太坊"是一个著名的技术平台，与其他加密数字货币的底层技术相比，它具有四大特点，即智能合约、权益证明、叔块、闪电网络。当然，世界上投资以太币的人也有不少。追求并投资某一种数字货币，完全是一种个人行为。与比特币相比，以太币的名气、市场价值等均略逊一筹。

福源币，另外一种去中心化的加密数字货币，一种希望在国际珠宝界混出名堂的数字货币。令人可悲的是，福源币交易平台成了2017年央视公布的350个资金传销组织名单中的一员。也就是说，福源币的出现与某个"犯罪组织"存在着必然关系，抑或被某些"犯罪组织"所利用，成了一种牺牲品。

五花八门的数字货币还有很多，绝非仅限以上几种，况且人们的研发脚步还在不断进行。或许未来某一天，一款比"比特币"更加有名的数字货币也会出现在人们面前，抑或世界各国都会发行属于自己的法定数字货币。一切尚不可知，而我们可以怀着美好的愿望去迎接未知的、全新的数字货币。

7. 数字货币的"未来角色"

　　数字货币的出现，给人们带来了无数幻想。这种幻想是复杂的，难以用一句话去总结阐明。人们需要一种新型货币，但是又忌惮这种货币带来的潜在风险。或者，数字货币根本就不是一种货币，仅仅只是一串看上去匪夷所思的数字符号而已。数字货币到底值钱吗？是否有价值衡量的属性呢？到目前为止，这些问题也无法得到正确的、全面的回答。但是数字货币已经出现，它就像几十年前的互联网那样，正在悄悄地改变着人们的思维。"随风潜入夜，润物细无声！"数字货币在未来的某一个时刻，能否成为"春雨"

一般的角色呢？有这样一个言论："想要肩负某个角色，首先要具备与之相匹配的能力和责任。"比如：一个人想要成为某公司的老板，首先他要具备足够的威望、有说服力的管理能力等，如果不具备这些条件，就无法成为公司老板。数字货币也是如此，它能肩负起未来的某个使命，才能成为未来的某种角色。

如今，法定货币的地位依旧无法被撼动。从社会发展的角度来看，传统法定货币的历史地位是稳固的。从金融发展的角度来看，社会却需要一种新型货币形式或者新技术来提高货币的流通速度。当我们思考"数字货币"到底会怎么样的时候，常常会被某种"矛盾"所打断。所谓"矛"，就是我们急需一种新技术去打破传统的、保守的、旧的体系，还原货币作为一种"一般等价物"的原始本质，给庞杂的社会金融体系和货币体系做减法；所谓"盾"，就是新技术、新应用、新手段对传统的"中心化""垄断化""集权化"的体系造成巨大的冲击，这种冲击会给传统的金融组织造成巨大的损失。众所周知，拥有铸币权就掌握了金融与经济的命脉，倘若这种权力旁落，会动摇传统的、保守的、旧的体系的根基。当然，传统的体系未必不好，未必需要被一种新体系所快速取代掉。

另外，数字货币目前存在的诸多问题也是"未来角色"不明朗的原因之一。当下，各种各样的山寨币层出不穷，这些山寨币的制造者多半有"搅局"的目的。这种"搅局"并不能产生效应，反倒成为一枚"定时炸弹"！许多金融专家不看好数字货币，甚至认为数字货币完全是一种短期炒作行为，当这种"炒作之风"退去，留下的则是数不尽的泡沫。数字货币到底何去何从？也不会有人给出具体的答案。在这种局势不明的情况下，另外一种言论被抛出来，这个言论是："未来的经济是数字化的经济，数字化经济必然需要一种新型货币进行支撑。"当人们提到"数字经济"四个字的时候，我们又忍不住会想起数字货币。

数字货币并不是一个陌生的、新生的事物了，它诞生已久。既然数字货币诞生如此之久且没有消失，甚至还有登上主流舞台的气势，我们又不得不反思，数字货币是不是我们期待已久的那个'救星'呢？BTCC的联合创始人李启元认为："人类历史上第一次使用比特币交易代表的是什么呢？就是这个资产不再是物像的，而是数字化的了。不光光是钱的支付和传输已经网络化了，同样这个钱本身也变得数字化和电子化了。"我们应该怎么理解这句话呢？交易的数字化、资产的数字化、经济的数字化已经成为社会发展的大趋势，数字货币完全是数字化时代催生出来的产物。从某个角度讲，它是社会发展到某个阶段而自然产生的，并不是刻意设计出来的。它代表着时代的发展以及人们对于数字时代的某种追求，它是有"思想"的，有"性格"的，它的思想是人的思想，它的性格也是人的性格。

数字货币的出现，仅仅只是数字时代的"冰山一角"，而隐藏在"冰山"之下的数字经济才是那块巨大的蛋糕。如今比特币已经成为全球瞩目的焦点，许多国家正在慢慢接受并认可比特币，比特币并不仅仅只是一种炒作工具，它代表着一种未来金融的发展方向。比特币的某些优点，更是传统法定货币所不具备的。比特币之于传统法定货币的存在，就如同数码相机之于传统胶卷相机的存在。事实上，人们已经走到了这个选择的岔路口。人们呼唤新型货币的出现，同样也在呼唤新的支付形式代替传统的支付形式。二维码支付，是当下最流行的支付方式。也因为二维码支付方式的存在，数字货币在支付系统中还暂且只能充当一个"搅局者"的角色，甚至还无法撼动二维码支付。随着时代的发展，数字货币的成长空间依旧广阔。或许未来某一天，它并不只是一个"搅局者"，而是一个重要的"竞争者"。

第二章

什么是
比特币

1. 神秘人物"中本聪"

比特币问世以来，比特币的发明人中本聪也因此成了世界名人。在众人的期盼中，一个名为中本哲史的中年男人出现了。他是一个美国裔日本人，同样也是一个狂热的"密码学"粉丝。但是此人非常神秘，自称是一个自由主义者和无政府主义者。众所周知，比特币是去中心化的数字货币，看上去也蛮符合中本聪的终极追求。

中本聪是如何被人认识的呢？2008年11月1日，中本聪在一个名为"metzdowd.com"的网站发表了一篇名为《比特币：一种点对点的现金支付系统》（*Bitcoin: A Peer-to-Peer Electronic Cash System*）的文章，这篇文章刚刚发表之时，并未引发太大的关注。因为世界上每天都会诞生各种各样的花边新闻、古怪想法，甚至有一些人为了出名而故意制作话题来引发他人的关注。"比特币"到底是怎么一回事？对于这样一个凭空产生的新事物，大多数人常常用一种"忽视"的态度去对待。比特币没有实物，完全是虚拟的，甚至没有产生任何光芒……它仅仅是一个概念，或者只是中本聪的一种个人思想哲学而已。

几个月后，中本聪开始行动了！当然这个行动也是一种秘密行动，不为人知的行动。他开发出一个比特币客户端，然后采取"挖矿"的形式正式开采比特币，并从中获得50枚比特币。如果按照现在的价值估算，50枚比特币相当于50万美金！当然，那时的比特币还不为人知，也因此分文不值。比特币是虚拟的，中本聪似乎也深居浅出、深藏不露。有人这样评价中本聪："他就像世外高人一样来无影去无踪，甚至从来没有人见过他到底长什么样。"中本聪为何不想暴露自己的身份呢？这种疑问随着时间的推移反倒吊起了许多人的胃口。比特币是什么并不重要，神秘的中本聪到底是谁似乎更重要一些！

在P2P基金会网站上的个人注册资料显示，中本聪居住在日本，37岁，日常生活完全使用英语。如果中本聪是一个生活在日本的中年男子，为何拥有熟练使用纯正美式英文的能力呢？就像许多人注册互联网账号一样，名字是假的，家庭住址是虚构的，身份也是假的。因此人们开始怀疑，中本聪很有可能不是日本人中本哲史，而是另外一个熟练使用英文的美国人，或者是一个化名"中本聪"的团队。中本聪到底是日本人还是美国人，尚不得而知。中本聪是男人还是女人，也没人知道。总之他是一个什么人物，就像一个没有答案的谜语，抑或如"哥德巴赫猜想"那样神秘莫测。

著名的计算机科学家泰德·尼尔森认为，中本聪十有八九是毕业于普林斯顿大学的日本数学家望月新一，此人在"远阿贝尔几何"方面有着卓越的贡献，并且他还是一个计算机专家，似乎完全有能力设计并研发出一种改变人类世界的新型货币。泰德·尼尔森并不是信口开河，他有自己的理由。他认为，望月新一教授足够聪明，工作习惯非常独立且神秘，研究的领域涵盖比特币的神秘算法。因此，望月新一符合"神秘""高深""独立""深居浅出""比特币专家"等一切特点。如果采取"对号入座法"，望月新一就是中本聪。

如果猜想就此结束，中本聪的神秘故事就不再传奇了。一个名叫斯凯·格雷的人在自己的博客中写道："中本聪根本不是日本人，而是一个地地道道的美国人，此人叫尼克·萨博，是前乔治华盛顿大学的法学教授。"研究人员格里夫和他的团队为了解开"中本聪谜团"，采用了一种古老的调查手段，将笔迹样本与一封神秘的加密邮件进行匹配比对，发现尼克·萨博才是真正的中本聪。研究人员格里夫在一场新闻发布会上说："萨博所写的内容和比特币的原文件之间的语言相似的数量是不可思议的，再没有别的其他的可能的作者会达到更高的匹配程度。我们非常确信，在主要的嫌疑人中，尼克·萨博是该论文的主要作者，虽然我们并不能排除是其他人的贡献的可能性。"言外之意，尼克·萨博是"中本聪"团队中的一员，而且是灵魂人物。但是当记者采访尼克·萨博时，尼克·萨博却矢口否认自己是中本聪。"顽皮"的尼克·萨博竟也对人们打起了太极拳，并且加入到"中本聪"谜题的终极猜测中，他认为："在我认识的人里面，对这个想法足够感兴趣，并且能付诸实施的，本来只有我自己、戴维、哈尔·芬尼三个人，后来中本出现了。"

　　此后，中本聪一会儿化身成居住在加利福尼亚的美国裔日本人多利安·中本，一会儿又化身成澳大利亚学者克雷格·史蒂芬·怀特。中本聪彻底成了一个谜，而这个谜似乎堪比神秘的"UFO事件"。

2. 比特币的诞生

任何一个事物的诞生，都有其轨迹可寻。比特币的诞生，也是酝酿已久的事。首先，它源于人们对另外一种货币和支付方式的追求。许多计算机专家、密码工程师都有这样的想法，能否制造出一个"多快好省"的货币用于支付和交易？许多人为了这个远大的梦想而不懈奋斗，中本聪就是其中一个梦想制造者。其次，人们似乎早就为一个新事物的出现而做好了"迎接准备"。自它出现之后，比特币的粉丝们便为它不遗余力地进行宣传，希望达到某种效果。那么比特币到底是如何诞生的呢？

20世纪90年代，人们便开始了密码学的研究，一个名为"密码朋克"的神秘组织出现了。这个神秘组织发出了一个《密码朋克宣言》：在电子信息时代，个人隐私在一个开放的社会中是必需品。我们不指望政府、公司或者其他什么组织来承诺我们的隐私权。我们必须保护我们的隐私。必须有人站出来做一个软件，用来保护个人隐私……我们计划做这样一个软件。在梦想的驱动下，一款名为PGP（Pretty Good Privacy，是一个基于对称加密算法IDEA的邮件加密软件）的产品出现了。"密码朋克"并不是一个微不足道的、不起眼的组织，它拥有数以千计的会员，这些会员中有许多都是IT精英。当然，"密码朋克"并没有研发出数字货币，但是他们的尝试从某种程度上影响了"中本聪们"。

除了"密码朋克"之外，密码学奠基人大卫·乔姆设计了一个"密码现金"，即大名鼎鼎的Ecash。Ecash的风头一度很盛，许多大公司都有斥资收购它的打算，收购Ecash的公司名单中不乏微软、VISA等。不过大卫·乔姆可不是一个轻易妥协的人，他并没有将它卖掉，而是把它紧紧握在自己的手里。事实上，Ecash留在大卫·乔姆的手里只有死路一条。值得一提的是，Ecash是一个中心化的电子现金系统，并不是"中本聪们"所需要的那种东西。

科技还在不断地发展，继"密码朋克"和Ecash之后，另外一项跨时代的技术出现了。来自美国的两名年轻技术宅男肖恩·范宁与肖恩·帕克研发出P2P协议技术。众所周知，数字货币是基于P2P技术而产生的。也就是说，没有P2P协议技术也就没有比特币的诞生。另外，P2P是一套去中心化的管理系统。有了P2P技术之后，"中本聪们"才看到了希望。

至此为止，有关比特币技术方面的"准备工作"就已经各就各位了，"中本聪们"也该粉墨登场了。哈尔·芬尼，比特币的忠实粉丝，PGP产品的研发者之一。当他看到中本聪发布的"比特币"公告之后，便立志成为一名"矿工"，并且于第一时间挖了70枚比特币。与此同时，哈尔·芬尼与中本聪保持着一种亲密的互动往来关系，中本聪在测试过程中还将10枚比特币转给了哈尔·芬尼，而哈尔·芬尼也成为第一个接受比特币交易的人。哈尔·芬尼对"挖矿"非常感兴趣，他陆陆续续从"矿池"里挖到几千枚比特币，直到"矿机"热得发烫才停止。令人惋惜的是，哈尔·芬尼得了运动神经元病，即ASL（肌萎缩侧索硬化）。ASL也是杀死伟大的物理学家史蒂芬·霍金的那个不治之症，哈尔·芬尼与ASL搏斗了五年，于2014年去世，年仅58岁。

　　前面铺设了这么多，目的就是请出中本聪和他的比特币。2009年1月3日，比特币诞生了，被中本聪挖出来的50枚比特币也被称为"创世区块"。一个月后，中本聪又讲话了，他发了一个帖子："传统货币的局限在于，信任是一切的基石。中央银行必须让人信任它不会让货币贬值，但在历史上，贬值的货币比比皆是；银行必须让人信任它能管理好钱财，并让这些钱财以电子化的形式流通，但它们往往随意放贷，让这些钱财都成为泡沫。"简言之，比特币可以在防止货币贬值方面起到重要作用。比特币诞生之后，一个名为"bitcoin.org"官方社区也出现了。

　　虽然比特币的诞生引起了小范围的关注，但并未引起大范围的震荡效应。比特币虽然是一项伟大的发明，但是这项发明并不被大多数人所看好。有人认为："比特币虽然很新奇，但是它并不能给人带来惊奇。"还有人说："比特币就像游戏币，而'挖矿'就是挖掘比特币的游戏。"当然，也有一些人在冥冥中感到比特币会在未来的某一天身价暴增。一个叫加文·安德烈森的编程员用50美元买了10000枚比特币，并且创建了一个"比特水龙头"的网站。另外一名忠实信徒，也就是曼哈顿的网络电视公司的节目主持人布鲁斯·瓦格纳，通过其主持的《比特币秀》栏目向人们广泛宣传比特币的好处。布鲁斯·瓦格纳认为："比特币爱好者就像福音传播者，他们看到了这项技术的魅力，这是一场巨大的运动，或者称之为一种宗教信仰也不为过。在论坛上，你会看到这种精神，与自我无关，大家都在为改良比特币而努力。"

比特币诞生了，其忠实在信徒的推动下而逐渐被世人所认识。比特币并不是谜，它是一个真实存在的东西。如今它成为"明星"，诞生之初谁又能想到比特币竟如此值钱？

3. 比特币的发展史

比特币是一个令人关注的明星，它的出现已经让许多人惊叹不已。当然，最重要的是，比特币给人一种全新的认识和体验。所谓新认识，就是比特币的底层技术区块链技术已经成为当今最令人瞩目的技术，它有望创造新的历史，并打破互联网技术一统江湖的现状。所谓新体验，即比特币的支付功能是非常强大的，它完全不同于支付宝或者微信支付等"中间支付平台"，去中心化的点对点交易已经成为未来的"支付"形式，而比特币本身就是一种数字货币。从2008年到2018年，比特币有十年的发展史。在这个十年里，比特币都发生了一些什么事情呢？现在，让我们以"回顾"的形式揭秘比特币的历史。

比特币的出现，似乎与美国的"次贷危机"有关。2008年，美联储的量化宽松的货币政策引发"次贷危机"，许多人对政府的"法定货币"开始产生了一种动摇心理。有的人这么讽刺美元："让美元见鬼去吧！"言外之意，政府背书的信用似乎只是用来愚弄大众的，其目的只是为了维护上层建筑的利益。因此有人思考，如果有一款"去中心化"的货币代替法定货币，那简直太爽了！于是，中本聪出现了。他冥冥中带着某种任务而来，他的任务信佛就是把比特币带到现实世界中。于是在万众期待中，比特币诞生了。比特币诞生之后，各家评论都不尽相同，有的人看好，有的人看衰，也有人认为比特币只能是昙花一现。

2009年，是比特币的周岁年。当然比特币依旧还是那个默默无闻的、不值钱的比特币。它的出现并没有掀起多少波澜，就像丢入湖中的石块迅速淹没在湖中后归于平静那样。2009年10月，比特币汇率公布了，1美元可以兑换1309.03枚比特币，比特币实在便宜得可怜……如果当年有经济头脑的人花10美元购买13090枚比特币，现在就已经亿万身家了。世界总喜欢与人开玩笑，谁能想到九年后的比特币会如此疯狂呢？

2010年，我们可以把这一年形容成"比萨饼"年！在比特币汇率得到公布之后，有些人便开始尝试用比特币购物了。在美国的佛罗里达州，一个叫汉纳克的程序员花10000比特币买了两个比萨饼。至于比萨饼到底有多少英寸、什么口味，也许没有人研究过。但是用10000比特币购买披萨饼，似乎有些过于奢侈了。不久之后，一个名为"MT.GOX"的网站成立了，这个网站后来成为世界上最为知名的比特币交易平台。同样还是这一年，比特币的一个巨大的漏洞被人发现，这个巨大的漏洞差点毁掉比特币的前途，好在被技术人员及时发现并及时处理。

2011年，比特币在这一年内荣登《福布斯》杂志。在这样的杂志中出现"比特币"，也就是《福布斯》杂志将比特币当成一个明星或者政要去"刊评"，比特币自然会得到巨大的宣传。著名的网站维基百科也接受了比特币的赞助，并且为其编写了权威词条。而这一年，比特币在"舆论"的推动下，其市值超过了2亿美元。有些人看到比特币"野鸡变凤凰"而身价大增，便制造了大量假比特币进行交易，并在比特币的发展史中留下了非常令人不光彩的一页。好在"丑闻"很快被风吹走了，比特币喜迎2012和2013的辉煌年。

2013年，据说这一年的好莱坞商业大片非常卖座。这也预示着，比特币也迎来了非常光辉的一年。在这一年里，比特币市场总值超过了10亿美元，而一个比特币甚至可以换一盎司白银。但是2013年，比特币还是闹出了一个"花絮"。2013年3月，比特币的"黑链"出现了分叉，因此会在比特币日志中产生两次交易记录，这也就是我们所说的"双花"问题，"双花"问题我们将在后面文章中有较为详细的介绍。2013年10月，世界第一台比特币ATM机（自动取款机）诞生于加拿大温哥华。美联储主席伯南克给比特币一个正面评价："如果这项创新能够给人类带来一个更安全、快速和高效的支付系统，那么它具备一个长期的发展前景。"

2014年，拉斯维加斯两家著名的赌场酒店宣布接受比特币。同年7月，戴尔公司也宣布接受比特币。言外之意，人们可以拿着比特币去拉斯维加斯小试身手，也可以用它购买戴尔公司的电脑。而这一年，比特币的币值再创新高，1比特币可以兑换314美元。

2015年，比特币波澜不惊，虽然币值一度跌至"停板"，但是也迎来一个好消息。英国的巴克莱银行宣布，他们成为首家接受比特币的高街银行。被商业银行认可，比特币似乎走出了最令人振奋的一步。而这一年，1比特币可以兑换426美元。

2016年，全球比特币ATM机数量达到了771台。2017年年初，1比特币可以兑换1盎司黄金。2017年，是疯狂的一年。在这一年，比特币的币值呈现狂风般的暴涨趋势，从1比特币兑换1402美元涨到了1比特币兑换10000美元……2018年，比特币的币值虽然有过短暂的剧烈震荡，但是币值依旧坚挺。但是不管如何，比特币已经成为最耀眼、最另类的一种货币。

比特币用十年造就了一个传奇，而这个传奇还在延续。用网友的话说："不要迷恋哥，哥只是一个传说！"

4. 比特币的"奇葩故事"

比特币是一种神奇的数字货币，所谓"神奇"，不仅指它一路高歌猛进的币值增长，还包括它那些匪夷所思的"花边"新闻。甚至我们可以用"奇葩故事一箩筐"来形容比特币，并给比特币营造一种神秘色彩。有人说："比特币就像神奇的西方'神秘果'，所谓'神秘果'，就是西红柿而已！"但是比特币就是这么神秘且奇葩，它简直令无数比特币粉丝竞折腰。

2010年8月，比特币遭遇历史上最大的一个漏洞。这个漏洞惊为天人，差点摧毁了比特币。比特币创始人之一杰夫·加西克（Jeff Garzik）说："我们这里遇到了一个问题，这个区块链的输出非常奇怪，这里包含了920亿个比特币，远比现今比特币的总数要多得多。"920亿枚比特币？简直令人难以置信。如果平白无故多出这么多比特币，比特币恐怕就不再是"物以稀为贵"的数字货币了。幸亏加西克发现及时，其团队立刻修复了这个漏洞。

2010年5月，比特币历史上最有名的"比萨饼"故事上演了。程序员汉纳克同意支付给一个英国人10000个比特币，让其帮助自己在棒约翰比萨饼店订两个刚刚出炉的、热气腾腾的、美味可口的比萨饼。用10000个比特币购买两个比萨饼，大概也是一种"脑洞大开"的行为。如果按照现在的比特币币值进行估价，每一个比萨饼价值5000万美金。这样的"天价"比萨饼恐怕连世界首富比尔·盖茨也消费不起。

既然有人用比特币买比萨饼，就有人选择比特币支付自己的薪水。美国肯塔基州的一个小镇，一个名叫维科（Vicco）的警官是一个比特币粉丝，他强烈要求用比特币领取薪水。这个奇葩想法不仅没有遭到反对，反而得到了相关部门的认可。至于这名警察老兄的月薪到底是多少比特币，尚不清楚。如果这位警察老兄还没有卖掉比特币，想必也已经成为千万富翁，甚至是亿万富翁。而"海的另一端"，塞浦路斯的尼科西亚大学设立了数字货币学位，凡是报名学习这个学位的学生，一律采用以比特币的形式进行学费缴纳。

2013年，一个名叫詹姆斯·豪威尔斯的年轻人亲手把7500枚比特币送进了英国南威尔士纽波特市的一个垃圾填埋场。这个年轻人为何做了这样一件愚蠢的事情呢？事实上，詹姆斯·豪威尔斯在2009年用自己的笔记本电脑挖掘了7500枚比特币，但是可怜的詹姆斯·豪威尔斯忘记了这笔财富，他将自己的"矿机"拆解并卖掉了有用的配件，而比特币存放的硬盘却被他丢进了垃圾堆里。俗话说："一失足成千古恨！"詹姆斯·豪威尔斯因为自己的"大意"

而与亿万富豪失之交臂。后来，詹姆斯·豪威尔斯想要从35万吨垃圾中将"矿机"翻出来……这听上去似乎比"大海捞针"还要难。而纽波特市的政府发言人认为："由于垃圾填埋场的渗滤液和气体，那个硬盘可能已经受到了严重损坏。"

詹姆斯·豪威尔斯是悲催的，但是挪威小伙克瑞斯托夫尔·科赫（Kristoffer Koch）却是幸运的。早在2009年，也就是比特币元年，科赫花27美元购买了5000枚比特币。没有想到的是，这样一个投资让他狂赚一笔。2013年，他用1000枚比特币在挪威首都奥斯陆的富人区购买了一套豪宅！剩余的4000枚比特币，他似乎还没有想到怎么用。当然这并不是富人的烦恼，而是比特币一直处于"暴涨"状态，科赫并不舍得卖掉而已。

美国佛罗里达州，一个名为Vanity的整形医院接受比特币支付。比如，割双眼皮20比特币，牙齿矫正10比特币，隆胸50比特币。虽然不知道是否有人选择用比特币支付自己的整容费用，但是这家医院却开了先河，将比特币与美元一视同仁。

还有一个名为Zhou Tong的模仿二人组把the Chordettes的《造梦先生》（*Mr.Sandman*）的歌词改成了《比特币先生》（*Mr.Bitcoin*），世界第一首比特币流行歌曲便问世了。

当然，比特币的历史上绝非只有以上几个"奇葩故事"，比如黑客盗窃这等事就发生了许多起。虽然比特币不是"奇葩货币"，但是其名字却多了几分"奇葩"色彩。

5. 比特币与 51% 攻击

　　有人说，当今世界是一个"尔虞我诈"的世界，在这个世界里生存，就要面临各种各样的争夺和竞争。举个例子：一个企业老板为了争取更大的控制权，斥资收购了大量的企业股份，其股份份额超过了50%，因此他也就拥有了该企业的绝对话语权。又比如，两个竞选者的选票也是如此！如果一个竞选者的投票数得到半数以上，便会赢得选举。比特币的51%攻击理论与上述两个例子有相似之处。也就是说，如果一个人掌握了51%的全网算力或者拥有全网51%的比特币数量，就能够快速掌握开采区块的随机数，并拥有了这些区块的绝对主权。当然，穷尽51%的算力依目前来看，仅靠某一个人的力量是无法实现的。举全国之力，或许才能发动51%攻击。

当然，绝大多数的人对51%攻击的过程非常感兴趣，这也是比特币如此迷人的地方之一。如何才能发动51%的攻击呢？在我看来，首先还需要做一些前提准备工作。

第一项准备工作，就是拥有数量足够多的"矿机"。比特币这种消耗"算力"的工作，全部源自矿机的辛勤工作。只要矿机数量足够多，就会拥有足够强大的算力。想要拥有51%的全网算力，恐怕需要数以万计的矿机同时工作，否则也无法完成这项艰巨的使命。

第二项准备工作，就是拥有数量足够多的比特币。目前，比特币分散在世界各个国家的许多投资人的手里。有的人拥有几枚，有的人拥有几千枚。但是想要把所有的比特币集中收购起来，还是非常有难度的。众所周知，当下比特的汇率破一万美元大关，拥有1050万枚以上的比特币能够发起51%的算力！如果按照当前比特币的汇率去计算，需要一个人用数千亿美金去购买，很显然是不太可能成行的。当然，如果是一个"财团"或者"国家"的投资行为，这种情况还是会发生的。毕竟当今世界，80%的资本掌握在20%的人的手里。

两项前提工作准备到位，我们才能够掌握足够的算力去发起51%的攻击。但是想要发动这样一场"战争"并不容易，它需要攻击者按照既定的"步骤"进行攻击，才能实现所谓的51%攻击目标。如何才能发动攻击呢？我们可以参照以下步骤进行。

第一步要把比特币转至比特币交易所，然后集中卖给同一个人或者组织；抑或将比特币直接卖给同一个人或者组织，让这个人或者组织拥有足够数量的比特币。

第二步要用51%的算力向那些暂且没有向比特币交易所发起交易的区块进行重新构造，借助算力领跑整个网络，从而实现51%攻击。

当然，51%攻击原理还是相对比较"复杂"，难以用简单的语言进行描述。而且51%攻击只存在理论上的可能，现实当中并没有一个人或者组织去尝试做这样的疯狂行为。如果成功发动了51%攻击，可以让原块链上的299999个区块的交易全部作废，这种做法也会导致比特币交易市场发生剧烈震荡，从而使比特币投资者失去原有的投资热情。发动51%攻击后，比特币也将成为一种类"中心数字货币"而背离中本聪们设计研发比特币的初心。只要有51%攻击的这个漏洞，比特币就会存在这样的隐患。

但是业内人士表示，即使拥有不到51%的算力，一个人也可以向全网发起攻击！这又是怎么一回事呢？比如，一个人在自己的"矿场"进行私自"挖矿"，挖到后完全可以攒在自己的手里而并不用马上进行交易，因此这个人的"链"比其他人的"链"要长，并形成一种优势。当然，一个聪明人还完全可以在发布自己的"链"的同时挖别人的区块。很显然，这种"私挖"的收益率要远远大于"公挖"的收益率，在利益面前，人人都有可能变成一只可怕的、贪婪的动物。如果一个人拥有了33%的算力，而采取一种"私挖"方式进行挖矿，与此同时，其他的矿工也采取"私挖"行为，这种"私挖"现象会导致全网的算力下降，即使拥有33%的算力也有可能发起全网攻击。所以有人说："凡是不守规矩的'自私挖矿'行为，都是要流氓行为！"现实社会中，这种"流氓行为"似乎是一种智慧，还是一种自私自利的生存方式。如果全网算力达到51%，攻击必然成功；如果全网算力尚未达到51%，攻击也有可能会成功。

即使一个人拥有了51%的算力，他也不能"为所欲为"！因为，他始终无法改变比特币的总数量，也无法修改其他人的交易记录，或者把别人的比特币"送"给自己。51%攻击虽然听上去非常恐怖、可怕，可现实中又有谁拥有这样的全网算力呢？而一个人倾尽全力发动51%攻击，除了刷一刷"存在感"之外，我们再也想象不到这么做的具体原因了！

6. 比特币的共识规则

　　世界看似复杂，且包罗万象。但是在这复杂的世界之中，却有一个看不见的规律和规则。比如地球围绕太阳转便是一种规律，在这种规律的作用下，地球才有了四季；地球在公转过程中，还要不停地自转，自转则给人类世界带来了白天与黑夜。万事万物都有特定的规律，这种规律让万事万物在运行过程中繁忙而又有序，并不会因为某个"程序"过于复杂而发生撞车现象。比特币也是如此，它也有其特定的运行规则。在这里，我们不得不提一个关键词：共识。什么是共识呢？就是能够达成共同的看法和认识。

　　传统的"共识"，是一种"少数服从多数"的共识。举个例子：某人参加竞选，参与投票的有100个人，其中60票同意、30票反对、10票弃权。通常来讲，只要有效投票数超过一半便会起到决定性的作用，60票的"肯定作用"明显大于30票的"否定作用"，而另外10票弃权更是无法对选举结果产生影响。很显然，投反对票的人最后也要遵从投肯定票的人的意见。从某个角度来讲，"少数服从多数"的"共识"是一种"非民主"式的共识，似乎还带有一定的强迫色彩。这种传统的"共识"，更像是某个中心化的机构运作产生的结果。比特币系统的共识规则与传统的共识完全不同，它是一种"去中心化"的共识。

　　"去中心化"的共识有一个特点，即"多数服从少数"。比如，多数派想要强行执行所谓的"共识"，势必会忽略少数派意见而产生第二条链。严格意义上讲，在世界范围内几乎很少有100%全票支持达成共识的这一现象。如果这样，比特币恐怕永远无法发生升级，只能让多数派与少数派大眼瞪小眼了……而比特币的"去中心化"并不会默认多数派的一方为权威方而赞同其"权威"意见，而少数派却能够稳坐江山、闲庭信步。

　　在这里，我们必须把"统计学"的理论搬出来。搬出它的目的就是为了解决这样的"纠纷"，让极个别的"少数"服从绝大多数的"多数"。也就是说，统计学中的5%等同于极个别的"少数"，而这种"小概率"事件可以忽略不计。比特币系统中，5%的反对票或者弃权票并不能左右结果，而是会服从另外95%的共识意见。因此，在比特币系统中，95%的共识等同于完全共识，超过5%的反对票在统计学中也非小概率事件。举个例子：天气预报通常会通报一天内的降雨指数，降雨指数低于5%，通常是不会降雨的；如果降雨指数升高到10%，降雨的可能性是存在的；如果降雨指数超过50%，降雨的概率就非常大了，而天气预报主持人也会提醒人们出门带伞。

由于比特币是"去中心化"的，因此它并不存在一个"中心化"的总账本。比特币系统中的每一个节点都有一个"权威"总账，达成共识就等同于确认这一份"权威"总账。俗话说："人是一种逐利的动物。"人为财死、鸟为食亡似乎是天性所决定的，这种自私的"逐利"行为并不能完全用"道德"二字去框定它、敲打它，尤其对于比特币系统中的每一个"逐利"的节点而言，显然是不公平的。比特币系统的背后虽是一个个鲜活的人，但是只要遵守规则，这种共识就能够达成。在这个过程中，比特币系统中的共识是这样达成的：比特币系统中的每一个节点都会依照所谓的"标准"对交易进行验证，而这些节点还会借助完成的"工作量证明"将交易记录进行打包，每一个节点对新区块进行验证，并打包进入新区块。其中那个拥有95%权威票数的最长的区块链就是这一份"权威"总账。

讲了半天，许多人似乎认为："共识机制没有什么大不了的呀！它能有什么用呢？"举个例子：有一个公司给员工发工资并将工资转到员工们的农行卡里，但是有些人偏偏不喜欢农行卡，而是会把农行卡里的钱转到自己的支付宝账号上，而支付宝账号或许绑定了另外一张工行卡。简言之，把农行卡上的钱转账至支付宝，然后再将支付宝上的钱转账至工行卡。虽然支付宝只是扮演了一个"中间人"的角色，实际上则是农行与工行之间发生的业务。想要让两家银行达成"共识"，就必须确保支付宝两边的"账目"是一致的，否则就会出问题。通常来讲，财务账无小账，小账也能够反映出大问题。因此，两家银行即使消耗大量的人力物力财力去"对账"，也是非常值得的。比特币底层技术的区块链技术似乎可以帮助商业银行解决这样的"对账"难题，让"对账"变得简单易行。

比特币系统的"共识机制"是具有创新意义的，它能够将复杂问题简单化，也能够让复杂问题合理化。而"不完全共识"带来的硬分叉问题，却也需要借助其他的方法去解决。

7. 比特币的交易原理与规则

　　最初人们制造出货币，就是让货币充当一般等价物而用于交易。比特币同样也是一种货币，它被研发出来的主要目的也是为了充当一般等价物用于现实生活中的各种交易。前面我们或多或少都讲过，比特币是一个"身份特殊"的数字货币，它不仅创造了历史，而且还带给人们一种全新的货币交易尝试，即点对点"到账"。其交易速度之快、效率之高远远超过现有的其他支付交易模式。

　　比特币除了所谓的"货币属性"外，它还是一个非常好的支付工具。我们都知道比特币是去中心化的，因而不需要一个中心化的机构起到管理、控制的作用。没有人为或者其他中间环节的干涉，比特币让交易变得更加"纯粹"！众所周知，现在的支付平台多半是第三方支付平台，比如微信支付、支付宝等。这一类支付平台只是提供"中介"功能，从而实现商业银行与终端支付的连接。我们都知道，第三方平台要收取一部分"中介费"来维持支付功能的运转。这笔"中介费"看似只有很少的一点比例，但是使用人数众多，使用次数完全按照"亿"的单位来计算。当这样的海量的交易积累下来，就会产生巨大的费用，积沙成塔、积水成河就是这样的道理。

比特币是一种自带交易系统的数字货币，其技术含金量看上去就比曾经出现过的任何一种货币的技术含金量高出很多。比特币的交易发起一方可以通过自己的私匙对交易进行签名，交易的收货一方可以使用公匙进行验证。那么比特币的交易原理到底是什么呢？

比特币并不是实物货币，它是一串数字组合。这个组合看上去与人民币左下角的"编码"有相似之处。不同的比特币有不同的数字排序，每交易一次都会进行一次数字签名。当然比特币存在的"双花问题"一直是无法绕开的重要问题，原本1个比特币可以购买价值10000美金的东西，而"双花问题"则只能用1比特币购买价值5000美金的东西。于是许多银行家们建议："想要解决'双花问题'，各大商业银行需要引进中心化的'第三方'平台，通过监督、核查等方法，降低'双花问题'的出现。"一种去中心化的货币采取中心化的第三方平台进行核查，是不是也就失去了去中心化的意义呢？对于那些"矿主"或"矿工"而言，能够把比特币转化成现金，还是非常有必要的。言外之意，单纯质朴的商业交易并不能够完全相信比特币，甚至把比特币当成扰乱社会经济体系的一种病毒。这样的评论令人感到悲伤，但是也从侧面说明比特币仍然是少数人的玩具。无论如何，人们还是更加关心"如何才能把比特币交易出去"这一问题！

以某比特币粉丝的交易为例，比特币交易过程大概分为以下两步：第一步，在比特币交易平台上注册一个账号，然后找到"比特币充值"这个链接，然后把从"矿场"里挖到的比特币的字符串输入其中，就能够实现比特币充值。第二步，在实现比特币完美充值之后，就可以在比特币交易网站上发布比特币交易信息，选择"交易订单"类型，选择出售比特币的数量，然后确定交易订单。当然，比特币交易信息发布之后，通常能够在其交易网站的后台查找到相关的交易发布信息，如果有人购买了你的比特币，就会按照相关汇率比，有一笔现金出现在你的账户里，点击"提现"，就能够将现金提到自己的银行卡账户里。比特币交易过程非常简单，只需两步就可以实现比特币的交易。

比特币虽然很疯狂，但并不是所有人都能从中赚到钱。我的一位朋友，因为前几年炒比特币，不仅没有赚到钱，反倒赔了不少！有人说："比特币并不适合'炒短线'，它只适合长期持有。"比方说，如果一个投资者早在几年前低价购入大量比特币而选择长线持有，此时此刻他已经富得流油了。还有一些擅长炒短线的人，通过炒短线也能大赚一笔……事实上，这类人并没有什么特别之处。他们唯一的做法就是设定了"交易指标"，高出"指标"到某种程度，不论出于何种状态都要"抛出"；低于"指标"到某种程度，不论出于何种状态都要"割肉"。坚持这样的投资方式，才能有效预防"暴跌"带来的冲击。

如今，许多人还在疯狂地炒作比特币，比特币甚至比几年前的黄金还要火爆。对于投资者而言，理性对待比特币投资才是"良言秒策"！

第三章

比特币的意义
与可能

1. 比特币的"币"属性

比特币是一种数字货币，它到底是不是一种货币，至今还在争论不休。比特币存在着非常大的争议，在一个"比特币"的微信群里，有一群年轻人是这样理解的：一个名叫"小花猪"的比特币粉丝虽然对比特币有一种狂热的追求，但是也看衰比特币的前途，他认为："只有法定的数字货币才能真正实现货币的价值，而比特币只是给世界各国提供了一种思路，世界各国可以制造属于自己国家的法定数字货币，而不是'诏安'比特币。"一个名叫"金色麦浪"的比特币粉丝坚持认为："比特币也叫比特金，而且它现在的单位身价已经超过了一盎司黄金的价格。在我看来，比特币完全可以像黄金那样成为价值的衡量物。如今，开采一枚比特币要比冶炼一盎司黄金所消耗的资源大得多。"还有一个叫"今晚的夜色真美"的比特币粉丝并不认为比特币是一种货币："比特币虽然看上去很美，但它毕竟只是虚拟的，只是一串字符串而已。而这串字符串与人为的其他字符串没有什么区别。如果我们用制造难度来衡量一种货币的'币值'，这种想法是荒谬的！"可以看出，人们对比特币的认识存在着各自不同的理解，比特币是否是一种货币，是否具有"币"性，还仅仅处于一种社会舆论的"旋涡"之中。

提到比特币，我们不得不提黄金。黄金是一种昂贵的、稀缺的贵金属，自古以来就被人们奉为"财富"的象征。世界各国都有自己的"黄金储备"，黄金储备量越大，这个国家就越富有。俗话说："乱世黄金！"即使爆发战争或者金融危机，黄金都有稳定的价值。黄金的价格虽然也有波动，相比过山车般的数字货币而言，却是非常坚挺的。早些年前，中国的年轻人结婚时兴"三金"，所谓"三金"就是金戒指、金项链、金耳环。结婚送"金"，不仅喜庆，而且富贵。只要家中有黄金，便不会饿死人……因为黄金随时可以典当成现金，而其他东西则不行。从某个角度上看，黄金就是"价值衡量物"。黄金易分割，物理特性十分稳定，它被大自然所赋予的"价值属性"似乎很快就被人类所发现，并被开采、冶炼、分割、铸造成金币或金元宝，成为货币家族中最耀眼的那个明星。比特币呢？它没有物理属性和化学属性，也不存在分割等特点，它是虚拟的，但是它的价值比黄金还要贵！从某个角度看，比特币确实是一种"比特金"，而许多投资比特币的人也一跃成为千万富翁、亿万富翁。比特币在许多人的眼里，不仅是一种货币，还是一种商品。因此有这么一个言论："既然比特币有投资的价值，而且在小范围之内做到了无障碍流通，甚至用比特币进行购物也是非常好的选择，因此比特币是一种货币，而且还是一种数量有限、通缩的货币。这种货币只会越来越值钱，其身价不会一落千丈而分文不值！"

大多数人都知道，比特币并不是凭空产生的，它是通过"挖矿"而产生的。虽然此挖矿非彼挖矿，它是通过一种电脑矿机运行"开采"程序所挖掘到的，而这种"开采"同样需要消耗大量的人力物力财力。如今，只有那些"土豪"才具备建立大型比特币矿场的能力，投资一个大型的比特币矿场需要耗费巨资。那些企图用核电站启动比特币矿场的人并不是头脑发热，而是一种对"财富"的痴迷狂想。既然如此，比特币就是一种货币，也就具有货币的各种属性。

比特币在民间的待遇似乎与政府的待遇完全相反。有关人士认为："比特币有四大特点，这四大特点让它不具备成为'货币'的可能性。这四大特点分别是：去中心化、数量有限、使用不受限、匿名性。"现实之中的法定货币都是由央行发行的"中心化"货币，这种货币的发行量完全可以控制，而且不存在匿名性等特点。或者说，比特币只是一种虚拟商品而已，甚至已经沦为某些人的炒作工具。许多人借助"比特币交易平台"进行洗钱等违法犯罪的勾当，比特币就成了这种犯罪的"帮凶"！当然，这也完全背离了中本聪设计它的初衷，中本聪设计它的初衷只是为了打破法定货币的垄断，而充分实现货币的自治权。这种思维意识，似乎与起源于欧洲的"性思潮革命"有点类似。不过，比特币还仅仅是"少数人"的游戏，并没有席卷全球。在中国，比特币也没有取得合法地位，因为它看上去确实不太像一种货币。

在另外一些人的眼里，比特币更像是一种游离在货币与商品之间的东西，它很难被定性为一种货币，抑或它并不具备广大的流通价值。地球上拥有74亿多人口，而比特币的总数量才只有2100万枚！三百多人才能共同拥有一枚比特币，这简直是荒唐可笑的。

2. 比特币的存在意义

比特币到底是怎样的存在呢？这个问题就像许多人思考自己到底"从哪里来，到哪里去"一样。哲学家们总是对"存在"二字有着更加深入的研究，并大胆提出："凡是存在的事物，都有存在的意义。"笛卡儿认为："我思故我在！"海德格尔认为："我在故我思！"人成为存在的存在者，就会通过思考而证明其存在的价值；人通过思考证明其价值，又为存在提供了必要证据。当我们上升到"哲学"的高度，我们就不会认为比特币的存在是毫无意义的了。事实上，比特币的出现就是一种人类智慧的展示，这种展示体现了人类文明的进步。从技术角度上讲，比特币的出现是区块链技术的一大突破，以及密码学研究取得的重要进展；从金融角度上讲，比特币的出现给货币制度的改革增加了浓重的一笔。

如今，比特币实在是太疯狂了，这种"疯狂"正在体现其价值。有一位币圈专家认为："比特币比世界上任何一种货币都要疯狂，甚至比剧烈震荡的股市还要疯狂！"比特币被人热捧，被人炒作，被人投资……只要它出现了，街头巷尾便会响起各种各样的评论声。据说，比特币的粉丝有三大人群，即经济学者、极客、投资人。经济学者是研究经济与金融的人，而比特币是一种新型货币，这种货币对金融、经济、社会都有非常大的影响力。经济学家研究比特币，并不是一个"不学无术"的行为。相反，研究比特币，可以从中找出货币的发展规律。极客是推崇比特币的人。什么是"极客"呢？极客就是电脑技术的疯狂痴迷者，这一部分人奉"技术"为圭臬，认为比特币是一种高超技术的象征。或许极客们不懂得金融，但是他们对区块链技术非常感兴趣，并且认为："区块链技术终究有一天会取代互联网技术。"虽然这样的"预言"缺乏必要的依据，但是区块链技术已经成为一项受人关注的"明星技术"。投资人是商人，商人投资比特币就是为了赚钱。比特币具有高风险、高波动的特点，一日之内币值跌涨20%都是有可能的，甚至比炒股还要刺激。

有人说："比特币早晚有一天会'一统江湖'！"这句话听上去有点可笑，但是可笑背后却又让人深思。比特币固然不会"一统江湖"，即便是如日中天的"美元"也没有做到，在中国使用人民币的人几乎是100%。推翻比特币"一统江湖"的言论是非常轻松的，但是"一统江湖"的货币会不会就此出现呢？一个不依赖中心化的货币，一个完全存在于互联网之上的虚拟货币，一个可以实现"点对点"交易的货币，一个可以……在众多的修饰语背后，这样一种货币已经给人带来了一顿思想上的盛宴。比特币的技术、身价等，都成了人们热议的焦点。比特币并不能一统江湖，也不太可能取代某种法定货币而成为某个国家的法定货币，它出现的唯一目的便是：补充！作为法定货币的一个"补充部分"，比特币可以解决普通法定货币难以解决的问题，或者在某些方面肩负起重要的使命，比如跨境支付等。在"跨境支付"过程中，比特币并不是充当"货币"，而是充当一种"等价筹码"，然后用这样一种筹码再去兑换成交易现金。在一些拉美国家，许多地产商也在关注比特币，打算用比特币进行与地产相关的各种交易，比如原料的采购、房屋交易等。

另外，比特币并不仅仅只是普通法定货币的一种补充，还是数字货币大家族内的一种补充。众所周知，人们在关注比特币的同时，还有许多人关注莱特币、以太币等其他数字货币。如果我们把比特币比喻成"张学友"，那么莱特币就是"郭富城"，以太币就是"刘德华"，它们都是数字货币里的"巨星"。它们的存在就是数字货币的存在，它们也因"存在"而共同为数字货币贡献力量。依我看，比特币的出现给我们带来了三种启发：第一，比特币给众多投资者带来了财富自由的机会；第二，比特币让交易成本无限接近于零；第三，传统的货币制度在比特币的刺激下会加速改革。三种启发，都是正面且健康的启发，都会对人类的发展和社会的发展起到积极的推动作用。因此，比特币的存在有其价值，而它也是人类进步的一个标志。

3. 比特币的未来猜想

当比特币币值突破一万美元大关的时候，许多人会立刻联想到一个词：泡沫！比特币在资本的推动下，就像往一只玻璃杯中缓缓注入啤酒一样，注入的速度越快，产生的泡沫也就越多。比特币看上去就像一只怪兽，它完全是不正常的，就像一个"骗局"！这个"骗局"到底是谁设下的呢？是比特币交易所的创建者还是那些疯狂的投资者呢？但是当我们冷静下来时，我们发现比特币一直处于升值状态，且有愈来愈坚挺之势。"骗局"似乎又是不存在的！

比特币所处的时代，同样是一个"泡沫时代"！当然，此"泡沫"非彼"泡沫"，这种时代的"泡沫"是快速的生活节奏所带来的。人们需要各种"快"来满足自己的需求。比如，人们对快餐的需求越来越大，于是许多快餐厅或者简餐厅涌现出来，供人们选择。"快"并不意味着对品质要求有所下降，"又快又好"似乎成为当下人需求的代名词。与此同时，一个"简"字出现了！这个"简"，是化繁为简，是将复杂的东西简单化，将混沌的东西清晰化……大道至简，"简"就有无限种可能。人们的生活做减法，企业管理做减法，"减"与"简"虽然不同字，但是却有着千丝万缕的联系。因此有人问："比特币与'简'有何关系呢？"事实上，比特币比传统货币要"简"得多。如果进行横向对比，比特币至少有四个"简"的特点。

第一个"简"，是构造形式的简单。比特币没有"肉体"，只有"灵魂"，且只存在于虚拟世界中，它不需要物理属性去支撑它的存在，它的存在形式就是一串数字符号。传统的货币是实实在在的，看得见摸得着。举个例子：人们都有损毁或丢失普通货币的故事，一张纸币很容易被污染、被破损。如果被损毁，只能去商业银行去更换。另外，假币伪钞现象层出不穷，甚至是防不胜防的。俗话说："魔高一尺，道高一丈。"造假技术越来越先进，仿真程度越来越高，甚至连一些"验钞机"也无法进行准确检验。与法定货币想比，比特币就简单多了。它只是一串符号而已，且每一个符号皆不同。虽然数字货币也有"造假"技术，但是这种技术恐怕只有天才级别的人物才能掌握，常人很难仿出假比特币。

第二个"简"，是交易、支付形式的简单。众所周知，比特币是一种基于区块链技术而研发出来的货币，这种货币拥有互联网的一些特殊优势。比如它传播速度快，可以实现点对点之间的瞬间交易。现在那些传统转账交易不仅需要一个"第三方"平台，有时候还要支付高额的交易费作为中间交易的"担保金"。从这个角度看，比特币是具有跨时代意义的。

第三个"简"，是交易记录的检索形式更加简单。使用比特币进行交易，在完成交易的同时，交易记录便自动形成一个区块，这个区块就等同于交易清单。如果我们用传统的法定货币进行交易，就需要借助第三方软件或者账本对交易记录进行详细记载，并定期进行盘账、对账。如今，许多经营组织都在高薪聘用审计团队为自己审账、盘账。比特币就不需要这些"外聘团队"了，它自带这种"外聘团队"的技术，比特币拥有者可以随时查询交易记录，尤其在检索、溯回等方面有着绝对的优势。

第四个"简"，就是把交易变得更加简单。比特币是一种不需要"中间方"提供信用的货币，它是去中心化的，甚至是"随心所欲"的。它不依赖于某个"中心化"机构，因此也会让交易变得更加纯粹，完全可以实现跨境生意的"一手交钱一手交货"！比特币是简单的，而且简单易操作。只要懂一点互联网知识，人们便可以用比特币进行等价交换，实现自己的相关需求。有一位哲人说："在追求的道路上没有'一路平坦'可言！当我们抵达终点时，才能够感受到'纯真'的自然之美。"言外之意，人们总是在不停地绕圈，回到终点才发现，人类绕圈子的原因是复杂！"区块链技术把人们的资产转化为数字资产，全球数字化恰恰是一种"引力"，这种"引力"让许多人成为比特币的粉丝，并进一步推动了资产数字化的进程。

比特币的四个"简"等同于比特币的"四大优势"！这些"优势"也是被许多经济学家、专业人士、投资者看好的原因。当然，比特币依旧面临着许多难以解决的问题。比如"扩容"问题，比特币的总体数量是无法改变的，但是扩容比特币账本的容量是非常重要的。简单举个例子：造成交通堵塞的原因有三个，车辆多、道路窄、管理不到位。比特币的账本容量太小，也就无法解决日益增多的交易"堵塞"问题。

总体来讲，人们对比特币的看法是悲观与乐观并存。因此，比特币的未来前景依旧是非常朦胧而模糊的。我们可以用一句名言来总结形容："不在沉默中爆发，就在沉默中灭亡！"

4. 比特币与区块链技术

讲到比特币，我们就不得不提区块链。比特币与区块链之间的关系，似乎是鸡蛋与鸡的关系。于是人们就会陷入一种荒谬的思考：是先有的鸡蛋，还是先有的鸡？在诡辩天才的嘴巴里，谁前谁后都是一样的。但是对于比特币而言，如果没有"区块链"这一底层技术，恐怕也就没有比特币。换个角度讲，比特币与区块链的关系并不像鸡蛋与鸡的关系这么复杂。比特币与区块链的关系，不需要诡辩天才的诡辩，它们之间的关系更像是母亲与儿子的关系。此时有人会反驳："比特币与区块链之间，根本没有这样的关系！在中本聪的白皮书里面，根本没有提到'区块链'三个字！"讲到这里，比特币与区块链的关系似乎并不简单，并不能简单地用"鸡蛋与鸡"的例子去形容，"儿子与母亲"的形容也是不准确的。不朽的、聪明的人类总有"打破砂锅问到底"的决心，他们一边打问号，一边忙着寻找答案。后来他们发现，比特币与区块链的关系更像是一种介于"母子"与"孪生兄弟"之间的古怪关系。

在这里，我们讲个故事。有一个庄稼汉，他种了许多小麦。秋后种下小麦，第二年的夏天收割小麦。众所周知，种小麦非常辛苦，而且赚不了多少钱，靠种小麦发家致富简直是"痴人说梦"！因此，这个庄稼汉想要改善自己的生活状态，就必须换一种生活方式。比如，他将一部分小麦晒干，然后磨成面粉，用面粉加工成馒头。馒头作为一种食品，其利润空间要远远好于小麦的利润空间。于是他开了一个馒头房，馒头房的生意非常好。有人给这个庄稼汉提了一个建议，让他多研发几种食品。后来，这个庄稼汉的馒头房不仅卖馒头，还卖包子、花卷、油饼等小麦食品。

讲这么一个看上去"风马牛不相及"的故事有何意义呢？通过这个故事，我们可以把比特币与区块链的关系梳理出来。比特币是什么呢？比特币等同于故事中的"馒头"，"馒头"作为一种商品，是通过庄稼汉的双手制造出来的，比特币则是通过中本聪的双手创造出来的。小麦是什么呢？难道小麦就是基于比特币系统下的区块链技术吗？其实并不然。故事中，庄稼汉掌握了一套生产小麦食品的本领，利用小麦面粉创造出包子、花卷等食品，而他掌握的这项技术，就等同于区块链技术。庄稼汉的这门手艺源自加工馒头时的经验和总结，然后通过思考、提炼形成了一门专业技术。通过利用这门专业技术，庄稼汉就可以加工出各种各样的食品。如果用相似的语言描述，我们可以这样说："中本聪掌握了一套比特币的技术，后来人们将这项技术进行提炼，并形成了一种'新技术'，这种'新技术'就是区块链技术，人们利用这项新技术可以开发新数字货币或者将其运用到其他领域中。"通过这个故事，我们就能解开比特币与区块链的关系谜团。

有人发出疑问："证明这种关系又有什么意义呢？'先有鸡后有蛋'还是'先有蛋后有鸡'又有什么区别呢？"证明这种前后关系并不存在多大的意义，而认清这种逻辑、养成严谨的逻辑思维能力就有意义了！区块链是一种技术，它为数字货币的运行提供了"账本"。数字货币只是一种"币"，比特币亦是如此，它们只是在"账本"上记录而已。如果我们把区块链看成一个总账本，区块就是总账本的其中一页，比特币就是其中一页账本中记录的一笔账。只要有人用比特币进行交易，交易记录就会自动形成，并记录在区块链中的一个区块里。我们虽然不能用"鱼与水"的关系形容"比特币与区块链"的关系，事实上也已经形成了这样一种关系。比特币离不开区块链，但是人们利用区块链技术还可以创造出第二种、第三种"类比特币"。

正如某位哲人所说："当我们肯定一个人的同时，也要肯定他的父母，这是对人的一种尊重。"我们在关注比特币的同时，也不要忘记"默默付出"的区块链。区块链技术是因为比特币而出现的一项伟大技术，而这项技术似乎比比特币这一单纯的发明更有实际意义。

5. 比特币与分布式账本

比特币的出现，让未来货币的形式有了无限种可能。人们希望拥有一种新型货币，更希望新型货币能够彻底颠覆世界金融格局。有人说："去中心化与无政府化一直在世界各个角落发酵！这已经非常能说明问题了……他们正在期待一个新事物的降生！"当然需要解释一下，无政府主义与去中心化并不能画等号，这里面肯定有什么误解的地方。无政府主义是一种"没有统治者"的政治哲学思想，它关注个体的自由与平等，提倡个体与个体之间的互助关系。但是"无政府主义"又是松散的，在没有统治者的管理之下，社会各个环节难以起到"调配"作用，因此便失去了"自由"性。比特币仅仅只是一种货币，它的"去中心化"与"无政府主义"完全不同，它只是将"支付"与"一般等价物"的职责变得更加纯粹而已。因此有人说："如果比特币被政府招安，就会变成一种'中心化'的数字货币！"当然，是否被"招安"并不是当下人们所应当关注的。在社会不断发展的前提下，我们追求不断前进的技术才是最为关键的。

前面我们简单描述了比特币与区块链的关系，比特币离不开区块链，区块链则有更加广阔的应用前景。如果我们仅仅把比特币看作一种货币形式，它本身并不存在任何意义。比特币需要"存储"，如果没有"存储"，它甚至"无处可去"！众所周知，人们出门之前都会带一点现金，通常来讲，现金会装在钱包或者口袋里。如果人们所穿的衣服没有口袋，那将是一件非常麻烦的事情。因此，钱包或者口袋对于现金是非常重要的一个"对象"，如果没有这个"对象"，可能就是会引起诸多的生活不便。区块链是比特币的账本，也就是比特币的"钱包"，这个账本是一种"分布式账本"。这个"钱包"最大的好处是：不需要随身携带！"分布式账本"的定义又是什么呢？简言之，这个账本可以分布在网络中的各个点、各个位置，网络成员可以彼此共享、复制数据库，比如参与交易，抑或进行资产转移等。有了这个账本，比特币才能进行自由交易。

比特币只是一种"币"，它的基本功能就是交易支付功能。如果我们把用比特币交易的任何一笔账单看成是"流水账"，这个"流水账"就会被清晰地记录在账本里，比如有人用10000枚比特币购买了一张比萨饼，然后就会显示10000枚比特币从买家的钱包转移到卖家的钱包。另外，这个交易记录永远无法删除，一旦发生交易便同步记录在区块里。言外之意，买家或卖家一方都无法对该笔交易进行否认。分布式账本不仅是比特币的"钱包",更是比特币的交易记录表格。由此看来,分布式账本的功能似乎比普通现金账本的功能更加强大。

此时又有人问:"分布式账本安全吗?如果不安全,谁还敢把自己的数字资产放进分布式账本里呢?"这个问题勾起我的一段回忆:某年某月某日,我在出差的路途中不慎丢失钱包,并因此改变了行程。现实中的丢钱包或者被人偷走钱包,似乎是一件很常见的事,如今许多人只是把钱包当成一种工艺品,而非用来装现金的必需品。这一切也说明一个问题,人们对钱包的这种"工具性"并不感兴趣,因为它并不能给人们带来安全感。但是不是由此也得出一个结论:任何钱包都是不安全的?这个"结论"似乎带有偏见,有一种"一杆子打倒所有人"之感。相比较普通钱包的不安全,分布式账本是安全的。在这个账本里,存放着一个人的数字资产,这个数字资产可能是以比特币的形式构成,也有可能是其他数字货币……想要"访问"这个钱包,转移并取出钱包里面的数字资产,需要通过公私匙以及签名的方式获得访问权,否则这个人根本无法打开这个钱包。就好比一个人捡了一张银行卡,只要他无法破译银行卡的密码,也就无法从银行卡中取出钱。

分布式账本有许多好处,这些好处可以为人们、政府组织、金融组织进行使用,分布式账本至少有三个方面的优势。第一,分布式账本是一种"去中心化"的账本,它不依赖于某个"中心化"组织,更不被某种"中心化"组织所干预。言外之意,它不需要国家、政府等赋予它"信任",它本身就有"信任"的本质。第二,我们可以通过它查找到任何一笔交易,且交易信息无法更改。如果政府组织使用这项技术,可以从根本上解决诈骗、洗钱、罪恶交易等问题。第三,分布式账本因为不依赖"中间环节",从而把"点对点"交易所产生的各种手续费、担保费降至最低。

优点与缺点共存，任何事物都是如此，分布式账本也不例外，它虽然是安全的，但也不完全是"安全"的，它也有可能被另外一项更新的技术所取代。在当前环境下，比特币与分布式账本都只能充当"配角"，辅助当前机构完善相关职能才是更加重要的一件事。

第四章

比特币的储存与转账

1. 比特币钱包

通常来讲，人们都会把自己的钱放进钱包里。钱包，它被研发设计出来的意义只是用于存放钱。如果一个钱包失去了存放钱的功能，就会变成一种毫无意义的装饰品。从古到今，人们都在使用钱包，各式各样的钱包也是非常有趣。有丝绸缝制的钱包，有皮革缝制的钱包，有现代化的人造材料缝制的钱包，也有珍珠等珠宝拼凑而成的钱包。钱包越来越好看，观赏的功能越来越强，而存放钱的价值却越来越小。许多女性认为，手上拿着一个漂亮的、上档次的钱包，比踩着一双入时的高跟鞋还要有意义。如今钱包越来越成为一种装饰品，就像人们身上的衣服那样。还有许多人根本不使用钱包。比如有这样一个言论："有了手机，钱包还有什么用途？"如今，人们都在通过扫描二维码进行支付。只要带着手机，只要有网络覆盖，只要有二维码，就可以进行安全支付。由此可见，钱包已经沦为"鸡肋"，让人唏嘘不已。

当然，上述"钱包"只是一种现实中的钱包。这种钱包只能用于装现金、银行卡、身份证等，它有物理属性，而且只能放在口袋或者挎包里，抑或直接用手拿着，看上去非常占地方。有一些老年人的行为则十分滑稽可爱，用一根皮筋绑着钱包，防止钱包从自己的口袋里滑落。有一个笑话：某老人坐车去超市买菜，在公交车上偶遇小偷，小偷偷其钱包的时候才发现钱包被一根皮筋拴着，怎么用力拽都拽不下来……最后竟然将老人的裤腰带拉了下来，场面十分尴尬。笑话归笑话，但是钱包并不能给人带来安全感，反倒给人带来了更多不安。因此，钱包慢慢失去了其原本的作用，而逐渐蜕变成一种装饰品。与之相反的是，手机钱包、银行卡等反倒成了"钱包"，这一类新型"钱包"逐渐影响并改变了人们的生活。

比特币是一种数字货币，用以盛放数字货币的钱包一定不是那种传统意义上的钱包！互联网时代下，极客们发挥自己的想象力，设计并研发了许多种比特币钱包，选择比特币钱包一事也成了许多比特币爱好者们的一件烦心事。到底选择一个什么样的比特币钱包才最适合自己呢？需要提醒的一点是：比特币钱包也不是绝对意义上的"安全"！如果一个人忘记了钱包"密码"，如同丢失钱包一样令人窝火。想要提高存钱的安全系数，记住自己的钱包"密码"是最重要的一件事。下面，我们介绍一些五花八门的比特币钱包。

冷钱包，一个听上去很奇葩的词。所谓的"冷"，是指靠"冷设备"进行储存。用专业一点的话去解释，冷钱包是一种网络无法访问的个人"私匙"位置。这类冷钱包有如下几个常见品种：不联网的电脑、不联网的手机、不联网的平板电脑、记录私匙的小本子等。据有关专业人士了解，冷钱包是一种安全系数较高的钱包。举个例子：倘若你只是把比特币的字符串记录在自己的日记本里，日记本就成了一个钱包。只要日记本没有被小偷盗窃，钱包就是安全的。当然，这一类钱包只用于存放没有经过交易的比特币。如果一经交易，冷钱包便不再是冷钱包，而变成了一种热钱包。

热钱包，是相对于"冷钱包"而出现的。如果我们把冷钱包当成一种冷兵器，那么热钱包则是一种科技含量较高的钱包，这种钱包是可以通过互联网访问私匙位置的。这种钱包通常是一些线上钱包，有点类似于"互联网钱袋"之类的东西。因此，热钱包的安全系数要比冷钱包的安全系数低很多。历史上，比特币被黑客盗取的事件层出不穷。对于那些"新人"来讲，能够使用冷钱包就尽量避免使用热钱包。如果"新人"使用了热钱包也不要惊慌失措，大可做好以下两项工作：第一，及时将热钱包里面的比特币提取出来，然后存到冷钱包里。热钱包里没有了钱，再牛的黑客也依然无计可施。第二，设置多重密码，设置的密码越复杂、密码层数越多，钱包也就越安全，越难以被解开。有些人可能记忆力不太好，或者嫌设置长密码太麻烦，于是便设置了那种"666666"或者"123456"的密码，而这类密码非常容易被破译。市面上的主流热钱包有这么几个：比特派，目前国内最为有名的比特币钱包；BlockChain，这个钱包在国际上也非常有名，但是只支持比特币和以太币使用；imToken，这是一款手机应用移动端钱包，同样是"轻钱包"的一种。这类线上热钱包的功能大同小异，安全系数也都"半斤八两"，选择哪一款完全看个人的喜好。

钱包是用来装钱的，装钱的目的就是为了"安全"！如果想要让自己的比特币不被人所盗，最好还是同时准备两个钱包，即冷钱包和热钱包，并将热钱包里的钱随时打入"冷宫"……只有这样，我们才能防止自己的数字资产被盗！

2. 比特币的获取方式

任何一个事物的产生，我们都可以上升到哲学高度来思考它。它不可能凭空产生，一旦产生了，就会发生意义。人们常常用"存在即合理"来形容一个存在的事物，并从中找到存在的意义和价值。比特币同样是一种事物，它可能是中本聪"创造"的，也有可能是中本聪"发现"的。既然比特币来到了这个世界，我们就需要张开双手迎接它。

比特币是一种珍贵的资源，它的珍贵并不只是因为数量，而是其带给人们的启发。换句话说，比特币给人们带来了全新的认识和体验。在没有比特币之前，我们根本不知道"数字货币"为何物。比特币带来了一个新纪元，甚至是一种新的思维方式。因此，人们开始追逐比特币，把比特币当成一个偶像。如今，想要获得一枚比特币需要付出非常高昂的代价。据说，俄罗斯有一个疯子打算用核电站挖掘比特币。听上去有种"痴人说梦"的感觉，现实中或许真的有人愿意这么尝试……似乎灵验了那句"不疯魔不成活"！获得比特币的方式有很多，并不一定非要用"核电站助力矿场"这种极端的方式。就像一名俄罗斯网友所说："我们可不想看到比特币矿场把另外一座核电站变成切尔诺贝利！"我们还是讲一下那些看上去"靠谱"的比特币获取方法吧。

第一种方法，我们可以去比特币相关的网站。喜欢打游戏的朋友们都知道，许多游戏网站会自动奖励游戏币，比如看广告获得游戏币。只要一个人看完完整的广告宣传片，就会得到相关数量的游戏币奖励。一方面，游戏制造商需要借助这样的"奖励"方式宣传自己的游戏，并激发游戏爱好者的参与积极性；另一方面，游戏制造商通过"奖励"等方式向游戏爱好者发放"福利"也会推动游戏的发展。比特币网站也是如此，只要你关注并注册成为该网站的会员，通过参与该网站的各种活动，就会获得0.000001~0.00001枚比特币。这样的奖励虽然有些微不足道，但是积少成多的道理大家都会明白。

第二种方法，我们可以注册成为一名优秀微博写手。此时有人质疑："难道有公司向写手支付'比特币'形式的稿费？"俗话说："没有什么不可能！"只要你坚信，世界仍旧有奇迹。有一个名叫ChangeTip的社交网站专门提供"比特币"打赏服务。如果你的作品有幸被某个比特币粉丝看好，比特币粉丝便可以通过@ChangeTip，将打赏的比特币金额划给微博写手。前提条件是，你的微博写得够好，关注度也足够高。

第三种方法，我们还可以玩比特币游戏！如今，各式各样的奖励网站有很多。许多大爷大妈们纷纷玩"摇一摇"获得现金奖励，并用奖励的现金购买相关网站上的商品。比如，拼多多有"摇一摇"，平安好医生也有"摇一摇"。比特币游戏虽然不是"摇一摇"的玩法，但对于一名游戏爱好者来讲，掌握这种游戏的玩法并不难。如果你的游戏水平足够高，能够不停地过关、过关，再过关，就可以得到比特币游戏的比特币奖励。如今，比较著名的比特币游戏有Bitcoin Crush、Bitcoin Hopper、Game of Birds等。

第四种方法，看书获得比特币。世界之大，无奇不有。也不知道是哪位天才"灵机一动"，让阅读成为一种免费获得比特币的方法。当然，这样的尝试对促进"人类文明的发展"有极大的好处。因为，现实中的人们似乎都不怎么爱读书了，许多经典书籍已经被"灰尘"淹埋，许多人根本不知道"经典书籍"到底是什么。一个名为PaidBooks.com的网站就提供这样的服务。只要我们成为该网站的会员，通过阅读经典书籍就可以得到免费比特币的奖励。

第五种方法，通过工作赚取"比特币佣金"。世界上也有一些奇葩公司喜欢用一些奇葩的方式支付员工的佣金。如果一个人愿意尝试，便可以用自己的辛勤的汗水换取比特币薪水。在我看来，"比特币佣金"会随着比特币的价值倍增而越来越被人关注。倘若一个人辛勤工作一个月便可以得到一枚比特币的月薪，看上去似乎也是一件相当不错的事情。

免费获取比特币的方法还有很多，只要我们时时刻刻关注比特币相关新闻，或许就能够发现新的免费获取方式。"免费赠给你的，你为什么不要呢？"

3. 比特币"挖矿"

一说到"挖矿"二字，我们总会想到各种资源矿产，比如煤炭。煤炭作为一种深埋在地底下的不可再生的资源，它需要开采才能被挖掘出来。煤矿就是因挖掘煤炭而建立的矿场。我们通常所说的挖矿，就是一种开采资源的方式。比特币是一种数字货币，这种数字货币也可以看成一种"数字资源"。既然是一种资源，我们用"挖矿"来形容也就不为过了。

如今，比特币的身价节节高升，许多人都想拥有自己的矿场，然后通过挖矿实现自己百万富翁的人生梦想。但是挖矿并不是一件简单的事！或许，它曾经是一件很简单的事情，只是到了现在却越来越难挖，这到底是为什么呢？举个例子：有一个地方出产蓝宝石。蓝宝石是一种贵重宝石，价值连城。因此，当地人都对它非常痴迷，拿着锄头去田间地头挖掘蓝宝石。蓝宝石之所以贵重，是因为"物以稀为贵"！起初，蓝宝石的资源非常丰富，可几年之后，就逐渐趋于枯竭。那些渴望发家致富的当地人不仅难以挖到上好品质的蓝宝石，甚至连普通质量的蓝宝石也难觅踪影。为了开采到为数不多的蓝宝石，只好引进大型的挖掘设备和筛选设备，通过一种"大浪淘沙"的方式寻找最后那一点可怜巴巴的蓝宝石。由此我们也得出一个结论：资源即将枯竭之时，挖矿的成本将以几何倍数增长。如果我们用蓝宝石形容比特币的挖掘开采工作，同样也符合这一标准。回顾比特币的"挖矿"史，我们可以将其分为五个历史阶段。

第一阶段是"CPU（中央处理器）挖矿"阶段，这个阶段的最大特色是简单、省力。在最初的这个阶段，比特币的创始人中本聪用自己的电脑CPU实现了创世区块的挖掘工作。因此，人们完全可以通过自带挖掘功能的比特币客户端实现比特币的挖掘工作。不仅挖掘速度快，而且产量高。就像人们发现了一座"富矿"，而这个"富矿"有一部分露天在外，弯腰就可以捡到。CPU挖矿阶段确实是一个最好的挖矿阶段，只是大多数人错过了而已。那些尝到第一口鲜的人发了财，而后来的拥趸们就没有那么好的运气了。

第二个阶段是"GPU（图形处理器）挖矿"阶段。随着"比特币资源"的减少，人们想要获得它，就需要进一步提高算力。很显然，传统的CPU根本无法满足挖掘工作了，只能采用算力更加强大的GPU进行挖掘。一个名为Art Forz的矿工率先使用个人的Open（开放运算语言）CLGPU实现了历史意义的挖矿工作。GPU挖矿使用GETWORK协议，并让挖矿程序与节点进行交互。当然，GPU挖矿阶段还是一个相对简单、轻松的挖矿阶段。只要你拥有一台不错的矿机，就可以实现居家挖矿、休闲挖矿的比特币挖掘工作。

第三个阶段是"FPGA挖矿"阶段。什么是FPGA呢？它也被称作现场可编程门列阵，由PAL、GAL、CPLD等可编程器件集大成而设计出来的设备。但是FPGA与CPU、GPU完全不同，它以并行运算为主。借助FPGA提高算力，才能从逐渐贫瘠的比特币资源中挖掘到比特币。有些人看到了商机，便借助FPGA技术，研发出FPGA挖矿机。当然，这样一台矿机价格远比一台普通挖矿机贵得多。由于FPGA挖矿机灵活程度高，不仅可以支持比特币的SHA256算法，而且还支持GPU矿机的Scrypt算法。

第四个阶段是"ASIC（一种为专门目的而设计的集成电路）挖矿"阶段。ASIC是什么东西？ASIC是一种芯片，它的英文全称是Application Specific Integrated Circuit。众所周知，芯片是一种数据计算处理装置。ASIC矿机就是一种专门为挖矿而设计的矿机，这种矿机的ASIC芯片也是专门为挖矿的特定算法而设计的。看上去，ASIC矿机似乎是专门为挖矿而生的。ASIC矿机据说价格并不贵，而且能耗很低，是许多比特币"矿工"的首选。不过随着比特币资源的逐渐枯竭，单纯靠一台机器已经无法满足比特币的挖掘工作了。

第五个阶段是"大规模集群挖矿"阶段。在这个阶段，就需要建立一个综合性的、极具规模的矿场了。大规模集群挖矿需要一个矿主有足够的资本。有人说："如果你不是千万富翁，就不要开这样的矿场了！仅矿机设备投入，就需要百万元。"为了解决资金问题，许多比特币矿主采取"抱团取暖"的方式联合开矿，并且将挖掘的风险进行了分摊。

想要通过挖矿发财的人还是有很多，而规模化的矿场似乎也越来越多！是不是所有的"矿主"都能够发财呢？答案是否定的。如果人人都可以通过

"挖矿"成为亿万富翁，恐怕世界上就再也没有穷人了。那些妄想借用"核电"挖矿的人，我们只能说他们太傻太天真了！

4. 比特币"矿池"

比特币的出现，让许多人"脑洞"大开。实际上，挖比特币也是一个十分烧脑的游戏。尤其在比特币资源即将面临枯竭的形式下，人们便开始想尽一切办法挖走剩余的比特币。前面我们讲过一个"挖蓝宝石"的例子，蓝宝石是一种贵重宝石，稀缺而珍贵。在许多蓝宝石产区，许多人并不是以家庭为单位进行开采，而是以合作社或者联合公司的形式进行开采。比如对挖掘设备、筛分设备等设备投入费用等进行分摊，这种"抱团取暖"的方式才能够成就一项伟大的事业，即把即将枯竭的资源挖掘出来。

　　再举一个类似的例子，有一个年轻人，他对渔业养殖非常感兴趣，希望有朝一日成为一名渔业养殖能手。他发现了一处天然水域，这一处天然水域不仅水质好，而且非常适合高端渔业养殖。于是他询问天然水域"承包"的相关事宜。负责天然水域承包的部门负责人却告诉他："整体出租这片水域！"如果整体租下这片水域，这个年轻人根本没有这样的能力。于是他想到一个办法，寻找志同道合的朋友一起承包。年轻人回到村子，张贴"招募令"，不久之后便有十多个人愿意与他一起承包天然水域。于是年轻人与其他人成立了一个"合作社"，按照百分比每个人掏了几万块钱并合力租下整个水域进行渔业养殖。通过"合作社"进行养殖，这一群人都从中得到了利润。现实中，像这样的"合作社"非常多。"合作社"体现出三个优势：资金优势、技术优势、抗风险优势。如果一群志同道合的人集中力量开一个"矿池"，同样能够体现这三个优势。通过这个例子，"矿池"的定义也就总结出来了。

　　简言之，矿池就是众多开发者联合参与的挖矿行动，以综合算力进行比特币的开采工作，而工作的这个"场所"就是矿池。矿池，通常是一个网站。在这个矿池里，人人努力工作，并从中得到比特币，共享比特币。俗话说："人多力量大！"矿池恰恰能够体现这一特点，并可能会实施"按劳分配"的原则。换句话说，谁的贡献大，谁分配的比特币数量也会多一些。我们可以这样去解释矿池的工作原理：假设全网的总体算力为100P，而全网参与挖矿的矿工有100万人，每一个矿工借助1P算力的矿机进行挖矿，也就是每个人的算力占全网的一百万分之一。按照数学概念去换算，每100万个10分钟才能挖到一个区块，并获得50枚比特币。100万个10分钟是多长时间呢？需要19年的时间。如果一个人用19年的时间只挖掘50枚比特币，简直会让人疯掉。但是如果10个人合作挖矿，就会将19年的时间缩短为1.9年……倘若100个人、1000个人合作呢？以此类推，比特币也将会像"水龙头"一般不停地被挖掘出来，然后再按照相关比例分配。这样一来，比特币的产出时间被缩短，人人都会获得较为稳定的收益，并有兴趣继续挖掘下去。

如今，各种各样的"矿池"有很多，有的规模大一点，有的规模小一点。规模大的矿池竞争力强，收益也会更加稳定，经营风险也会更小；规模小的矿池竞争力弱，收益也就会存在波动，经营风险也会相应加大。我们可以把每一个"矿池"看成一个独立的商业组织，整个"矿池"也同样存在非常激烈的竞争，也向人们呈现出一种"大鱼吃小鱼，小鱼吃虾米，虾米吃浮游生物"的生态画面。经核实，我国的矿池经营者位于世界前列，世界前五名的矿池有四家是中国的。由此可见，中国矿工早已经名扬海外，这也算是国人创造的一个成就吧！

矿池对于矿工来讲，是非常重要的。参与矿池的矿工，等同于一个喜欢书法的人参与书法组织的活动，既可以参与活动，又可以从中分享活动成果。在商业领域里，我们排斥那种"个人英雄主义"的行为，一个人的能力再强，恐怕也强不过三个人的实力。俗话说："三个臭皮匠，赛过诸葛亮。"当下的时代，是一个"众人拾柴火焰高"的年代，是一个"团队"作战的年代。一个人很难创造奇迹，而一个团队则完全有能力创造奇迹。矿池就是一个"组织"，一个"团队"，它集中无数人的算力，集中火力做好"挖矿"工作。因此，矿池越大，矿工越团结，矿场的收益也就越好，矿工分得的个人利益也就越多。从某个角度看，经营一个矿池与经营一家公司没有什么区别。

矿池解决了"散兵游勇"的问题，让那些单兵作战的矿工找到了"大部队"！从矿资源的开采角度看，矿池降低了比特币的开采难度，降低了比特币的开采门槛，是一件大好事。但是当一个"矿池"足够大，完全具备发起51%攻击的时候，也会带来致命的风险。任何事物都有正反两面，比特币矿池也不例外！

5. 比特币"矿工"

随着社会的发展，社会分工也会越来越细致。过去我们说三百六十行，行行出状元。当今时代，恐怕远不止三百六十种职业。一个新技术、新发明就会带来无数个行当，比如互联网的出现，就给人们带来了无数种职位、无数种角色。而比特币出现后，又有一部分极客摇身一变成了一名职业比特币矿工，他们靠"挖矿"为生，通过"挖矿"赚取自己的人生财富。

有一个叫小L的年轻人，他曾经在某互联网企业任职。比特币出现之后，他有了一种预感："比特币一定会非常火爆，它将颠覆未来！"因此，小L辞了职，开启了他的"矿工"生涯。为了挖到比特币，他租了一间房子，然后将其改造成为"挖矿"工作室。起初，他只有五台矿机进行挖掘。后来，他觉得五台矿机无法满足"产出需求"，于是又买了十台矿机。拥有十五台矿机的小L似乎并不怎么满意。他说："十五台矿机的算力还是无法达到挖掘的要求，除非我拥有一百台以上的矿机才能有稳定的产出！"

小L的一个小伙伴小S，他拥有二十五台矿机。小S也有同样的看法："二十五台矿机看上去似乎挺多！实际上根本达不到要求。像我这样的'矿工'全世界有很多，但是绝大多数都赔钱！如果还是达不到需求，我就只能再找一份工作救济自己的生活了。"看上去，拥有二十五台矿机的小S也没有赚到钱。靠挖掘比特币致富，似乎并不是一件容易的事情。

小L为了维持生计，一边继续挖矿，一边找了一份出租司机的工作。小S则是彻底放弃了"矿工"这份职业，他把二十五台矿机打包卖给了另外一个痴迷于挖矿的比特币粉丝，据说此人拥有数百台矿机，而自己的"工作室"开在了个人公司的一间旧仓库里。为了"挖矿"，这个比特币粉丝还雇佣专职人员对其"工作室"进行管理和维护，每年支出去的相关费用就高达数百万元。这个比特币粉丝感言："这个项目并不是免费的，反倒需要巨大的投入。如果说2010年前，比特币完全可以用自己的家庭电脑实现'挖矿'；如今，即使用钱买下一个网吧，把网吧里的电脑改造成矿机，借助整个网吧的矿机算力，也未必能够挖到比特币了！"挖矿并不是一件容易的事情，为何还有那么多人选择做"矿工"呢？

说到底，就是为了赚钱而已！比特币是什么呢？比特币并不仅仅只是一种数字货币，更不是一堆毫无用途的字符串，而是一种比黄金还要值钱的数字资产。如果通过自己的矿场挖到比特币，等同于挖到黄金。因此，人们对

"挖矿"这一事业趋之若鹜,即使"赔钱赚吆喝"也愿意尝试一下。但是我们又不得不老调重弹,资源的枯竭程度与开采难度是成正比的。于是我们会自我反问一句:"赔本的买卖谁还愿意做?"

即使我们把话说绝了,甚至把话说死了,依旧有人去做矿工。有一个年轻的矿工感慨:"未来十年,比特币的身价有望翻十倍以上。虽然开采难度在加大,但是开采的成本永远跟不上比特币的身价飙升幅度!"未来十年身价有望翻十倍?当这些话被当成某种"真理"去对待时,事情就会朝着这样的一个方向去进行。许多人继续做自己的矿工,活在自己的发财梦里。也有一些矿工开始"抱团取暖",联合打造新矿池。那些大型矿场完全是靠金钱堆积起来的,其中花钱最多的三个方面是员工工资、矿机设备投入、电费!许多人好奇地问:"怎么还有电费?"事实上,矿机的算力是靠消耗用电量来实现的。换句话说,即用电费换比特币的产出。据说国内某矿场每挖掘一小时比特币就需要消耗40兆瓦用电量,40兆瓦电可供12000个家庭一小时的生活用电所需。

比特币矿工与自然能源矿工有所不同,他们只是在"主机房"里挖矿而已。如果你只是"矿场"雇佣的矿工,凭自己的本事赚现金,依我看,这还是一件好事!

6. 比特币转账

现实中，人们想要转一笔钱给自己的合作伙伴，通常需要去银行办理相关转账手续。比如，一个人通常要带着现金（银行卡）、身份证去银行填表办理，办理转账的手续非常简单。转账手续办完之后就自动进入转账环节。如果是同行同地区的转账业务，通常在几个小时内完成，抑或即转即到；如果是跨行转账业务，通常需要二十四小时才能完成；如果是跨境转账，到账时间还要更长。所以说，传统的银行转账业务虽然办理手续简单，但是却存在到账"延迟"的问题。对于绝大多数的人而言，选择银行转账和第三方转账仍是主要的转账形式。人们的生活、工作离不开转账业务，比特币因自带"支付属性"而备受人们的关注。那么比特币又是怎么进行交易的呢？

比特币是一种数字货币，这种货币是虚拟的，自然与常见的法定货币的转账方式不太一样。通常来讲，比特币的拥有者向自己的伙伴发起转账的时候，会对自己的私钥进行交易签名，收账一方则需要通过公钥进行验证。发起一方需要签名，收账一方需要验证……这样做的目的就是为了确保交易的安全性。当这笔交易完成之后，交易记录就会自动记录在交易的区块里，并且永久无法被删除。这样的交易转账看似毫无破绽，实际上却存在一种"双花"漏洞。想要解决这样的问题，有两种途径：第一种途径是进一步完善与比特币交易相关的技术；第二种途径是引入第三方机构对交易或者转账进行检验复核。当然，比特币的设计者中本聪可不愿意看到这一幕，引入第三方完全是背离了比特币的设计初心。那么也就只有"华山一条道"了，升级转账技术！

提到比特币转账，我们不得不提UTXO。UTXO是个什么东西呢？UTXO的英文名叫Unspent Transaction Output，也被称为"未花费的交易输出"。许多人不理解"未花费的交易输出"到底是怎么一回事。通俗一点讲，就是对那些从来没有进行过交易的签名才是有效的签名！如果之前发生过交易了，这样的签名就是无效的了。比特币转账系统之所以要这么设计，也是为了防止出现"双花"问题。因为在比特币的转账环节里，甲用户既可以通过签名将自己的数字资产转移给乙用户，与此同时还可以通过签名将自己的数字资产转移给丙用户。UTXO技术便可以控制"双花"，并且让这种双重交易无效。比特币的转账过程看上去有些复杂和笨拙，而之前那种无解的"双花"问题似乎也无法得到100%的妥善解决。人们开始反思："我们为什么还要用比特币呢？"这个疑问并不是哲学高度的疑问，它的某种些漏洞只是动摇了人们的信心而已。因此有人说："比特币一半是天使，另一半是魔鬼！"

既然比特币既有天使属性，又有魔鬼属性，是不是使用比特币转账交易就没有什么好处和意义了呢？如果我们能够深入了解UTXO，依旧能够发现比特币转账交易的优势所在。举个例子：一个女孩看上了一条牛仔裤，这条牛仔裤的价格为150元。但是令人尴尬的是，这个女孩支付宝绑定的两张银行卡的余额都不足150元，两张银行卡加起来的总数可能超过了150元，但是她依旧不能同时进行支付。也就是说，支付宝虽然非常"实用"，可是转账交易的并行性做得不到位。支付宝没有做到的事情，UTXO却可以轻松做到。因为UTXO能够将并行性转账交易整合在一起，并且能够同时将交易记录在册。由此看来，UTXO并不是一无是处，它也有自己的独特优势。

比特币的转账技术原理是非常复杂的，但是其办理转账的方法却十分简单。通常来讲，比特币转账只需要进行三步工作。第一步，登陆移动互联网设备下载的比特币钱包或者客户端，然后输入私钥，进入自己的个人比特币钱包。第二步，选择自己的比特币地址，这个地址等同于银行卡。第三步，选择对方的比特币钱包地址，在转账一栏中输入转账的比特币数量以及打赏的转账手续费金额（打赏等同于走后门，俗话说："有钱能使鬼推磨。"），然后再进行"签名"提交。通过以上三步，对方就能收到比特币，转账工作就此告一段落。

利用比特币进行转账和交易的人，仍旧是世界上的极少数分子。但是这种转账尝试却非常值得肯定。或许未来某一天，人们将某种数字货币设定为法定货币，转账交易的方式或许就是这样的方式，人们也就无须跑去商业银行排队进行转账汇款了！

7. 比特币创业

如今有一种现象：有钱的人貌似很多，但是好的投资项目反而不多。有这么一种声音："如果把钱放在银行里，资产就会连年缩水。十年之后你会猛然发现，存在银行里的钱已经剩不下多少了！"微薄的存款利息无法阻挡物价上涨的速度，资产缩水也就在所难免了。人们寄希望能够通过投资保住自己的"老本"，如果运气好，说不定还能赚一点。于是我们看到，许多不懂股票的人开始炒股票，不懂期货的人开始炒期货，不懂比特币的人开始疯狂地购买比特币。尤其那些怀揣"发财梦"的人们，愿意再疯狂地折腾一把。

在许多人的眼里，开采资源的人是能人，这些能人大多都非常有钱，比如煤老板。山西煤老板是非常有名的，这群人虽然没有高学历，但是却有一身胆量和勇气。凭借敢说敢干的本事，通过承包煤矿、开采煤矿，把煤炭变成黑金，从而赚得盆满钵满。这一群人，是中国"富人"的一个缩影。开采比特币似乎与开采煤矿有异曲同工之处，许多投资人开办比特币矿场的目的也是为了把比特币变成比特金，捞一笔油水。开办比特币矿场是一种创业手段，但是这笔"投资"能否快速回本，却无法预测。据说，我国有一些比特币矿主为了挖到比特币，投入巨大，甚至有些矿主成为迁徙的"候鸟群"。世界五大矿池，有四家在中国，可见中国人非常重视比特币这一稀缺资源。

挖矿是一种创业，售卖挖矿设备也是一种创业。举个例子：国内某知名矿业集团，每年生产煤炭数千万吨。背靠这么一座资源大山，矿业集团周边的人也因此跟着沾了光。比如，有的人从事蜂窝煤加工生意，他们用"煤粉+黏土，便可以加工成实用性极强的蜂窝煤。有的人从事煤炭物流工作，为矿业集团提供相关的配套运输服务。还有一些人脑袋更加灵活，他们开办矿机公司，专业生产各类矿机设备，比如皮带机、挖掘机、粉碎机、风钻等，这类设备是煤矿专用设备，只要开采煤炭，就需要此类矿机设备。开办矿机公司的人把矿机卖给矿业集团，矿业集团用矿机继续开采煤炭。矿机公司赚了钱，矿业集团通过开采煤炭赚了钱。如今，有些人专门生产比特币矿机，并将其售卖给比特币矿主和矿工，同样也大赚一笔。某权威机构报道，中国有一家名为比特大陆的比特币矿机设备公司2017年的营业利润高达30亿美元，这样的利润甚至比许多世界五百强公司的年利润都要高。

比特大陆是一家中国公司，比特大陆公司生产的蚂蚁矿机也是比特币挖矿矿机的明星产品之一。2013年，这家公司得到了一笔"天使投资"，于是走上了商业扩张之路。创业半年，第一台名为蚂蚁S1的矿机登陆市场，并一炮打响。其中，蚂蚁S1矿机中使用的挖矿芯片BM1380代表着55nm挖矿芯片的最高水平，因此蚂蚁S1矿机极具市场竞争力。又过了半年时间，蚂蚁S1矿机的升级版，即蚂蚁S2矿机上市了。这个矿机采用的28nm挖矿芯片，因此能耗更低，功能却更加强大。由此可见，比特大陆公司的研发能力十分强劲，甚至令许多伟大的芯片公司都感到汗颜。又过了几个月，比特大陆收购了著名的雪球云挖矿平台，并正式推出蚂蚁S3矿机。比特大陆的CEO吴忌寒说过一段话："主流中文社区对比特币的评析和解释其实都是偏悲观的，他们不太能够理解一种总量受限的货币对公众所具有的意义和价值，他们普遍会将比特币视为一种金字塔的游戏，或者说一种传销的陷阱。这个时候，如果有人能够很好地诠释出比特币的经济价值，同时能够向公众解释出它的基础技术原理，在当时而言会显得比较稀缺。我们也感到了一种责任，需要站出来，去把一些事情讲明白。"吴忌寒不仅是一个比特币的布道者，还是一个比特币行业的创业者。他从比特币世界里赚了一大笔钱，并且缔造了一个比特币矿机帝国。

挖矿的有人赔也有人赚，卖矿机的有人赔也有人赚，炒比特币的有人赔也有人赚。总之，这个世界上只有两种人：赚钱的人和赔钱的人。比特币行业是一种新兴行业，对待这样的新兴行业，我们既不要看好，也不要看衰。保持客观冷静的头脑，以辩证的态度去了解它、分析它，关注它的发展动态，或许我们才能真正了解比特币，从而揭开比特币的神秘面纱！

第五章

比特币的
六大特点

1. 去中心化的比特币

　　地球上有了人类，人类便走上了一条"中心化"的道路。什么是"中心化"？简言之，就是一种集权管理。奴隶制社会，皇帝就是至高无上的权力代言人。因此便有了一句话："国法就是王法！"皇帝大权在握，有着说一不二的权力，任何人都要听皇帝的吩咐，如果违背皇帝的旨意，就犯了"谋反"之罪。人类社会发展到现在，依旧没有摆脱这种"中心化"管理的桎梏。是不是说，只有离开了"中心化"才能真正走向文明呢？

　　这样的问题总会引起争论，且公说公有理婆说婆有理。集权有集权的好处，分权也有分权的优势。比特币的出现，是一个时代的产物，也是解放人们思维，并因此而缔造出的东西。比特币是去中心化的，而其他法定货币则完全是中心化的产物。法定货币依赖国家的"信用凭证"，被中心化机构赋予了"价值"，才因此有了实际价值。这个"授权"过程，如同女娲对泥人吹了一口仙气。这种"授权"难道真的一点好处也没有吗？其实也不见得。国家作为一个相对稳定的"权力机构"，对法定货币进行"授权"，法定货币便具备了价值属性。只要这个国家没有"破产"，其赋予的价值属性就会恒久稳定。另外，国家是法定货币的发行、管理机构，只有在这种管理与认可下，货币才具备其意义。因此，许多民间数字货币、虚拟货币在没有被某个国家认可的情况下，它就不具备任何价值属性。换句话说，这类货币只是一堆字符串而已，没有实际价值。

或许有人觉得，这样的观点实在是太悲观了！这番言论完全给比特币创造了一个"敌人"！难道比特币一点意义也没有吗？当然不是！比特币是一种技术上的创新和尝试，它的实践意义大于其价值本身。"去中心化"同样也是人类社会发展的一个终极形态，它类似于乌托邦。在乌托邦的世界里，人人平等，人人享有同等权利，不再有集权管理和统治，完全是自由的、自治的。这看上去简直就像一个美梦。人类进入互联网时代，思维也得到进一步的开放。人们开始用一种"互联网思维"去思考问题，并认为跨界、共享、体现自由与价值是社会价值观的基础。当然也从另外一个方面衍射出一种观点：去中心化。在这种思维的作用下，社会上出现了许多贴着"去中心化"标签的商品，这些商品大多数是一些与互联网相关的商品和服务。举个例子：滴滴打车软件的出现，打破了都市出租车市场的垄断。这种垄断的打破，也给都市居民提供了另外一种选择。

比特币的"去中心化"的特点似乎更加明显一些。从技术上讲，比特币是一种基于分布式结算的系统而产生的，在这样一个系统中，每一个节点公平地、平等分布于整个网络中，且呈现出每一个节点自治的个性。它没有一个控制"中心"，而是通过网络形成一种非线性因果关系。因此，这样的系统是开放的、扁平的、没有等级之分的。比特币并不是因为某个国家、某家银行借助"信用背书"而制造出来的，它是中本聪借助一种算法而制造出来的。比特币的"去中心化"可以体现在两个方面：第一，比特币作为一种去中心化的数字货币，其"清算"完全依靠分布在网络中的各个"服务器"来实现，而不依赖于某个中心处理器；第二，如果一个人想要修改比特币的程序，还需要进行各个节点的"投票决议"，只有"投票决议"通过了，这种修改才能成功……这种方式也冥冥中指向了"去中心化"。因此，比特币是一个独立存在的支付、交易系统，任何一个国家、银行、组织都管不了它。有人对比特币的评价是："它就像一个顽皮的孩子，不受人制约的孩子，自由自在的孩子，它貌似因'自由'而存在，争取'自由'就是为自己争取权利！"比特币被拟人化，而比特币系统被社会化。如果更深层次地思考一番，我们或许还能找到去中性化与社会的某种关联。当然，我们主要还是谈"比特币"的问题，而不是谈"社会"的问题。

比特币是一种基于密码学原理的去中心化货币，因此在交易和流通过程中也确保了交易者的匿名性。这种"匿名交易"既有好处，也有坏处。好处是，它充分保障了交易者的所有权，让交易变得更加安全可靠；坏处是，它有可能被坏人利用，借助比特币网络进行罪恶交易，比如贩毒、赌博、洗黑钱等。比特币自有的那种"天使与魔鬼"的属性就会引起剧烈的争议，似乎只有引入中心化的监督模块才能让比特币变得更有价值和意义。

如今，比特币似乎有种背离"去中心化"的特点而逐渐走上了"中心化"的道路。如果世界上拥有了一个具备发起51%攻击的垄断组织，比特币就会丧失"去中心化"的特点，而变成一种"中心化"的数字货币。

2. 无须信任的比特币

"信任"二字出现的频率越高，越说明当今社会缺乏信任。信任到底是什么？为什么这么重要？按照字典上的解释，信任是一种稳定的、互信的、可以产生依赖感的心理需求，或者它代表着一种兼具责任意识的依赖关系。孩子信任自己的父母，是因为父母给孩子提供了"爱"；妻子信任自己的丈夫，同样也是因为"爱"在里面起了化学作用。爱是信任的基础，也是信任的条件。当社会缺乏爱，信任关系也就荡然无存了。当然，"爱"是一个非常宽泛的、抽象的词，难以给出准确的定义。而许多哲学家、思想家把

"爱"当成一种稀缺物品，这种物品似乎并不具备普遍性。因此，缺乏信任也就成了一种社会的普遍现象。

人们呼唤信任，需要信任，认为信任可以改变世界。许多人认为，法定货币的那种"信任"是不可靠的，这种"信任"只是一个机构提供的证明，而这个机构依旧存在种种不确定性。美国次贷危机发生之后，许多人开始感慨法定货币的"命运"，并吐槽："美元并没有给我们带来安全感，反倒开始令大多数人开始担忧！"但是我们不得不说，美元已经是当今世界上最稳定的法定货币了。最稳定的法定货币也没有办法给人们带来足够的信任，那么是不是人们就可以抛弃信任了呢？就在这个时候，比特币出现了。比特币的设计者中本聪告诉我们，比特币的"无须信任"可以让人们产生消失良久的信任感。

有人说过这么一句话："公众的信任不能随便托付给人，除非这个人首先证实自己能胜任而且适合从事这项工作。"从这句话里我们能够意识到，信任的另外一个重要的前提条件是"胜任"！法定货币是如何带给人们信任的呢？通常来讲，有三个方面。第一个方面，国家提供的"信用证"是一张非常稳定的"信用证"，这种"信任"，总体上要比个人提供的"信任"更加有保证。现实中，骗子常常用"比真话更逼真的谎言"来蒙骗人，并以此骗取人的信任。所以说，绝大多数的人宁可相信国家，也不相信个人。第二个方面，国家作为一个"信任"授予机构，它本身也有稳定的特质，尤其在一个和平、安定、繁荣的国度里，国家提供的"信任"具有较高的信任度，这种"信任"也彰显出国家与人民的一种关系。倘若一个国家处于破产或者分裂边缘，这种"信任"的程度就会大大降低。在这种情况下，人们通常会将法定货币兑换成黄金，因此便有"乱世黄金"一说。第三个方面，这种

"信任"带有一定的强迫性和绑架性。换句话说，不管你是否"信任"，都要接受这一个现实。因此，人们对这样的"信任"产生了厌恶情绪，并期望另外一种形式的"信任"可以取代它。

比特币出现了，它的出现合乎时宜。比特币是一种加密数字货币，这种数字货币是去中心化的，交易者发起交易，也不依赖于某个"中心化"的机构，它完全是点对点式的，这样的特点让交易的双方平等透明。讲个现实中发生的故事：小李想要买一件T恤，于是他浏览自己的微信朋友圈，发现某人正在售卖时尚T恤。小李动心了，于是通过微信询问卖家："我喜欢某件T恤，想要购买……但是我不知道如何付款给你。你能提供担保交易吗？"对方这样告诉小李："对不起，小本生意，本店只接受'直款'交易！"所谓"直款交易"，就是没有担保环节的交易，这种交易很容易受道德风险的影响。许多人付款之后，卖家不仅不发货，而且还恶意"拉黑"买家。正因为有这样的担忧，小李只好放弃购买，转而去实体店一手交钱一手交货。通过这个故事，我们就明白了淘宝网之所以"火"的原因。淘宝网提供第三方担保，即"信用担保"交易。有了第三方的"担保"，买家才可以放心大胆地进行购物；如果没有第三方的"担保"，大多数买家都不会购买！比特币就解决了交易双方的这种顾虑，交易一方只需要信任"区块链"即可。因为"区块链"具备交易的担保和确认功能，而比特币这种数字货币也不存在"造假"一说。

俗话说："凡事无绝对！"比特币的"无须信任"也不能给交易者带来足够的信任感。言外之意，"信任"是心理学范畴内的东西，它并不会因为某项技术而让人死心塌地去追随、信任。最好的办法是，让比特币的"无须信任"满足人们的信任需求。只有这样，比特币才能成为可信赖的货币。

3. 点对点交易的比特币

世界上有许多有趣的命题，比如"两点之间线段最短"。当然，我们无法矢口否认这个命题是错误的，但是也不能说它是对的。在某一个局限内，这种理解并没有偏差；但如果在一个无限的时间与空间里，两个点完全可以进行折叠、重合，就不会产生所谓的"距离"！这样的命题似乎与比特币毫无关系，如果我们站在"世界之外"，这样的"关系"或许也是存在的。就像前面我们说："比特币用一种'不信任'换取人们的信任。'不信任'等于'信任'，其中'不信任'是一个技术名词，而'信任'则是一个心理名词！两者是不能画等号的，但是在另外一个'整体'中，两者又可以画等号。"这是一种思辨，这种思辨的本身并没有什么意义。

铺设这么多，只是为了给"点对点交易"的比特币做一个出场铺垫。因为在没有比特币诞生之前，"点对点交易"的概念也是不存在的。在此之前的通用交易类型是一种第三方参与的交易，也就是"中心化"交易。举个例子：我们在淘宝上看到一件衣服，然后跟淘宝卖家进行洽谈并确定衣服的尺码，付款给支付宝，然后要求卖家发货。卖家把衣服邮寄到我们的手里，我们点击确认收货，卖家才能收到货款。支付宝，是一个担保，也是一个第三方管理平台，它为两个"账户"提供了担保桥梁的作用。买家付款给支付宝，支付宝再付款给卖家，这种模式类似于"1-3-2"的关系，而"3"在里面起着至关重要的作用，如果没有"3"，恐怕没有几个人敢"直款"购买。"点对点"交易，就是一种"1-2"的交易，没有"中间商赚差价"，似乎把交易变得更加纯粹自然、清新脱俗！

"1-3-2"的模式难道没有一点好处吗？当然不是！第三方担保有第三方担保的好处，能够成为第三方担保的组织，要么是国家赋予的信任担保，要么则是由某知名大财团提供的信用担保，这样的"信用"通常是可靠的。不过话又说回来，"3"只是提供一个担保，或者提供一种"中心化"的服务，担保或服务都是需要成本的，这种成本也会转嫁给"1"和"2"。另外，"担保"存在的意义有两个：抓住控制权和中间商赚差价。通常来讲，担保方之所以愿意提供担保，是因为它能够从"担保"中看到利益。也就是说，为了"钱"，担保方才愿意承担担保的角色。这听上去有点绕口，或者像是一段绕口令。但是担保所产生的"管理"费用并不是一笔小数字，它有可能会达到总交易款的百分之几。那些高喊跨境交易"中介费"贵的人们，他们对"担保"深恶痛绝，并认为："我们仅有的那点利润，已经被当成担保费扣除了！"这听上去简直是一种悲哀，而"1-2"的点对点模式却可以缓解他们的这种厌恶之情，甚至让他们破涕为笑。

比特币的点对点交易系统就是一种P2P网络系统。在这个系统里，处于同一个网络的两台电脑相当于"1"和"2"，也就是两个"节点"，抑或交易两端的买家和卖家，"1"和"2"为这笔交易共同提供服务，并没有"3"直接参与服务或者担保。因此，"1"和"2"既是客户端，又是服务端。现实中，基于P2P技术的应用还有还多，比特币只是其中一个。许多年前有一种"BT下载"的软件，这个下载软件也是基于"P2P"技术而设计的软件。许多人常常借助这个软件的下载一些"体积"比较大的程序或者文件。为何选择"BT下载"软件呢？因为这个软件的下载速度似乎比其他几款下载软件都要快。因此，P2P网络还具备传输速度快的特点，它也就能够让"1"和"2"的交易变成一种"秒速"交易。

点对点交易系统还有一大好处：交易系统稳定！点对点交易系统不依赖于某个"中心点"，即使其中一个"点"出了问题，也不不会影响到其他"点"的功能。比如，"1"与"2"展开交易，但是"3"坏了。对于比特币的交易系统来讲，"3"坏了只代表"3"的个体，"3"的问题并不会影响到"1"和"2"之间的交易。对于"中心化"的交易系统来讲，如果"3"就是中心处理器，是那个提供担保的核心部分，那么"3"就是一个桥梁，"3"坏了也就意味着"桥梁"坏了，担保就会出问题，"1"和"2"之间的交易也就会受到影响，甚至会中断"1"和"2"之间的交易。

通过上面的论证，我们就能够发现比特币交易系统的这种"优势"，这种"优势"可以让交易双方直接建立起信任关系，不再需要被第三方控制或者监管。而整个交易会非常简单、快速，且交易信息不可删除。由于可见，点对点交易系统代表着一种未来，它也有可能会改变世界的交易。

4. 不可逆交易的比特币

比特币是一种"神奇"的币，它把许多看似不可能的事情变得可能。比如，它把有形的价值变成了虚拟的数字价值，一串字符串就能够兑换一万美金。当然，这种"神奇"也有人为炒作的痕迹。当今世界的"奇迹"，多半是人造奇迹，这种"奇迹"或许并不能称之为奇迹。或者，我们可以用"传奇"来形容比特币！只要你选择用它进行交易，交易一旦开始，便无法停止！

此时有人问："万一我后悔了怎么办？只能愿赌服输吗？"用一句东北方言回答："可不咋地！"用比特币进行交易，是一种"没有后悔药"的交易。这就需要交易双方在交易之前把与交易相关的一切事情准备充分，其中也包括"不后悔"三个字。不过还是有许多人担心，如果一种不可撤销的错误"交易"一旦结束，错误也便酿下，甚至连亡羊补牢的机会都没有。因此许多人认为，这种不可逆、不可撤销、不可删除的交易功能只是一个难以被修复的漏洞，这个漏洞会给潜在的交易带来隐患和风险。

难道这种不可逆、不可撤销、不可删除的交易仅仅是一个毫无用处的漏洞吗？如果我们否定这种言论，似乎也会把"交易"看成一件不公平或者不严肃的事情。举个例子：有一个人非常喜欢翡翠，于是去了一个国内某知名的翡翠市场挑选翡翠。众所周知，翡翠是一种价格昂贵的珠宝，甚至比黄金还要值钱，在业界也有这么一句话："黄金有价玉无价！"这个人购买翡翠的预算为一万元，他打算买一个翡翠挂件送给自己。许多人都不懂翡翠，什么翡翠的种水啊，很难说得明白！当然，这个人也是一个门外汉，作为一个门外汉，买翡翠就只能靠"运气"了。在这个生意圈里，假冒伪劣现象非常普遍，高价卖假货的可能性非常之高。这个人在某翡翠摊主的"忽悠"下，花了9300元钱买了一个所谓的"老坑冰糯种飘花"挂件。翡翠摊主为了打消这个人的疑心，还将该翡翠挂件的"珠宝鉴定证书"展示了出来！这个人非常高兴，自认为买到了真货。有一次同学聚会，这个人的翡翠挂件被某"业内人士"一眼看出了假，并对他说："你的挂件不是A货，是经过酸洗填充的B货，最多值300块钱！"听到这个消息，这个人非常生气。于是他跑去权威的"珠宝鉴定中心"找个权威说法，最后得到的消息也是如此。9300元钱买了一个假货，他所做的就是找卖家退货。后来，卖家虽然不承认自己卖假货，但是却把9300元钱退还给了他。交易被撤回，这个人并没有因此受损失。

上面这个案例，是一个日常生活中常见的案例。买到假货，然后通过

"投诉"挽回损失，似乎也是最常规的处理方法。因此，撤销错误的、具有欺骗性的交易也是一个严肃的、公平的行为。但是比特币交易是"不可逆"的、无法被撤销的。倘若一个人用比特币买到了假货，似乎也只能"错上加错"了！想要解决这样的问题，只能要求卖家通过另外一种方式将比特币再次"转账"给买家。换句话说，可以采取一种以"交易"撤销"交易"的方式处理这种错误。这样做，似乎也是合情合理的。

我们还是说一说不可撤销、不可逆、不可删除的好处吧！我们还是借助一个案例进行诠释：有一个人从某网站商家上购买手机流量，每个月都会购买。但是这个人偶然发现，该商家发送的"流量包"与实际购买的"流量包"有差别，并要求商家进行补偿。但是该商家拒绝补偿，并删除了交易记录。而这个人也有一个非常古怪的习惯，定时清理交易记录。言外之意，交易记录（证据）已经被删除，这个人无法继续要求商家对他进行补偿。假如用比特币进行这笔交易，只要双方约定好了，并消除了一切可能存在的问题，交易证据就会被永远的保存下来，并且无法进行删除。在此情况下，这个人就可以借此"证据"要求商家进行赔付。

不可撤销、不可删除、不可逆的交易，并不一定是坏事。这样的交易方式反倒可以让人们养成一种"诚信"的好习惯。就像某人所言："真正公平的交易是建立在不可逆之上的！"如果凡事都要吃"后悔药"，这样的交易还有必要继续进行吗？从某个角度上讲，不可逆的交易体现了交易的原始本质。

5. 跨境支付的比特币

如今，越来越多的人选择跨境购物。跨境购物的人，不仅可以买到海外的、优质的产品，还能够体验"海购"的服务。比如，某宝妈通过海购给自己的宝宝购买婴儿用品和婴儿食品，还有一些宅男极客则通过海购的方式选购自己喜欢的电子产品。海购有两种方式，一种是直接购买海外购物网站上的东西，另一种是寻找"代购"购买相关物品。

跨境购物的确是非常爽的一件事，购买的"原产国"商品不仅质量有保障，而且还能够满足自己的内心需求。笔者也有过海购的经历，身边的朋友更是把海购当成了日常生活的一部分。但是许多朋友也常常感慨："海购虽好，就是支付存在的问题非常多！"有时候，有些人为了买一个东西，还要想办法把人民币兑换成外汇，然后再进行支付，抑或支付过程中被支付机构扣除一定比例的"手续费"才能够支付成功。一件商品从订购到发货再到客户手里，就像唐僧师徒四人西天取经一样艰难。另外，这一件"海购"的商品，到了人们的手里之后，人们才猛然发现："原来跟国内专柜的价格差不多，甚至还要高一点……"海购的乐趣也因此会荡然无存。众所周知，人们选择"海购"的主要目的是为了省钱，而不是为了浪费钱。

首先，我们说一下传统的跨境支付问题。

传统的跨境支付方式有电汇、西联、速汇金、Paypal（贝宝）、Payoneer（派安盈）等。电汇业务通常由各地所在的商业银行进行操作，买家和卖家都需要承担一部分手续费用，且手续费高。另外，国内商业银行的工作时间为白天8小时，非工作时间段就无法办理电汇业务。如果有紧急的跨境支付业务，就无法选择电汇的方式。西联，也叫西联国际汇款公司，通过西联进行跨境支付也要消费者亲自跑一趟银行，否则"跨境支付"的业务将无法完成。速汇金，一个业务遍及全球的公司，虽有优点，但是其缺点也是非常明显。速汇金的汇款人和收款人必须是个人，否则将无法实现跨境支付。Paypal，它是一款非常有名的支付系统，是美国知名公司EBAY（易贝）旗下的支付系统。这个支付系统似乎也颇为"坑爹"，它不仅需要汇款人缴纳手续费，还要汇款人支付一部分交易处理费。Payoneer也是一家美国的支付公司，这家公司的业务遍布全球，只要你是一个拥有身份证的公民，就可以注册成为Payoneer的会员，然后通过Payoneer公司进行跨境支付。但是Payoneer也存在各种各样的问题，比如支付额度较小、手续费高昂、需要预存保证金等，当人们看到这些稀奇古怪的问题以及高昂的手续费用，便顿生一种坏情绪，这种坏情绪会直接影响到海购以及其他的跨境支付业务的开展。另外，传统的跨境支付效率偏低，即使使用VISA等支付工具也要1~3天到账。

其次，我们说一下比特币跨境支付的问题。

众所周知，比特币是一种数字货币，它是以分布式支付系统为基础的。因此，比特币支付平台是一个完全开放式的、不受时间和空间限制的支付平台。言外之意，比特币支付可以全天候、全世界无死角地为消费者办理跨境支付业务，即使是节假日也不会对跨境支付产生影响。另外，使用比特币进行跨境支付，完全可以免去"银行排队"的辛苦，只要你的手上有手机，手机能上网，就可以进行支付操作，并自助完成跨境支付的所有工作。前面我们介绍了"点对点"交易的优势，这个优势就体现在快速交易、快速到账等方面。比特币是去中心化的数字货币，也就不存在高昂的"中间手续费"一说（当然也可以通过简单的"打赏"提高交易的速度，"打赏"金额视自己而定）。当然，任何一种支付手段都有优缺点。许多不法分子利用比特币平台进行逃税、漏税、非法交易，这也会给国家的外汇管制、犯罪打击和资本流动管理带来一定的麻烦。有一位金融学家提议："建立本国的数字货币体统，并将其纳入'中心化'管理，从根本上解决'跨境支付与资本管理'的矛盾。"

有人说："21世纪是未来数字资产的时代！在这个时代，数字资21产将会慢慢取代其他形式的资产。"还有人说："数字货币才是跨境电商的标配！"从这些观点或话语中，我们能够感受到比特币带给人们的期望和信心。人们需要自由交易市场，而不是一个有"中间商"的交易市场。如果人们能够在"跨境支付"方面取得重大突破，才能实现真正意义上的全球市场一体化。

6. 技术开源的比特币

互联网时代有一个词：共享。所谓共享，就是把一切"资源"性的东西分给大家，让大家共同得到这些"资源"，并借助这些"资源"解决自身的问题。共享，等同于"开源"！

现实中，人们希望"开源"，把技术性的、非技术性的、资源的、非资源等的"有实际用途"的东西拿出来，彼此共享，并产生一种推动力。当无数种"自私"碰撞结合成一种"无私"，开源的意义就产生了。举个例子：古代有一个人，他是一个"手工达人"，他设计了一款开荒工具。于是他借助开荒工具去开荒，很快便拥有了一大片种植地。众所周知，古人的种植地都是开荒所得，根本没有土地流转、土地承包这回事。本事有多大，就开多少荒。很显然，这个古人有这么一个"开荒"的本领，这个本领如果"开源"一下，便可以发挥社会价值。当然，许多人叫嚷着："唉，你有这么一个宝贝，为什么不让大家一起用？大家一起开荒种田，不也是一件好事吗？"当然，许多人更喜欢藏着掖着，或者故弄玄虚，这也与其个人利益有关。这个古人是一个"聪明人"，他也不想得罪谁。如果分享并开源开荒工具的制造工艺，对谁都有好处。因此，他开了一个"公开课"，手把手地教给大家制作开荒工具。一年之后，许多人都推着自己的开荒工具去开荒，并拥有了自己的农田和庄园。有人给予良好的评价："这位先生真是好人，他分享自己的技术，让大家跟着他一起受益。这是造福世界的事，我们给他'鼓掌'和'鲜花'也是理所应当的！"这位爱分享的古人得到了应有的赞誉，得到开源技术的人们也满足了个人的需求。从某种角度上看，开源是一种"需求"，它因"需求"而开源，并以"开源"的方式满足人们以及社会的需求。比特币技术的开源，同样与"需求"分不开关系。

比特币的开源似乎并不违背中本聪的初心。中本聪是个聪明人，甚至具备"料事如神"的本领。他并不是普通意义上的"油腻大叔"，即使把比特币技术上升到哲学高度也会这样示人：开源没有坏处，开源可以让任何人都尝试按照自己的意愿去fork（分叉）。但是比特币又是"特殊"的，它的技术是依靠算力进行投票的。即使你学会了fork，并进行改造"分叉"，也不得不承认比特币还是比特币，而新创造的币只能是山寨币的事实。这也不是中本聪的初衷，这只是比特币的技术决定的。

我们再次回到"开源"的话题上来。开源还有另外一层意思，就是共同完善。一个新技术，或许是非常先进的、有突破性的和创新性的，但是一个"初创"技术并不是完全严谨的，它可能存在着各种各样的漏洞。既然存在着种种不完善，这种"开源"似乎又给人们带来种种疑惑，比如有人问："既然不成熟，为啥还要拿出来分享？这不是明摆着坑人吗？"这种疑惑可能会在刚刚开源的时候产生，但是随着技术的不断升级和完善，会渐渐被打消。开源是什么？就是邀请感兴趣的人一起去完善它、改进它，让它变得成熟，变得实用性更强、推动力更大。在这里，我们不提比特币技术的发展。比特币之父中本聪把比特币带到世界上之后，便把所谓的技术"开源"了。随后，中本聪消失了，比特币就像一个没有父母的婴儿一样孤单无助！在中本聪退隐之后，另外一些"中本聪"则接替了中本聪的衣钵，接管了比特币技术的后续完善工作。

前面有一篇"比特币的那些奇葩事儿"，许多"奇葩事儿"都是不成熟的技术漏洞所造成的，比如比特币被克隆、交易出现双花、黑客盗窃比特币账户等，当然还有一些"上不了台面"的漏洞因篇幅问题不再详细赘述。如果任由这些漏洞继续"兴风作浪"，恐怕传奇一般的比特币就会走上自我毁灭之路。但是比特币并未消失，反而成就了一段传奇。在比特币的"养父"和"养母"的关怀之下，它一天一天茁壮成长。而开源的另外一个目的，就是让人们可以根据自己的想法进行更改，并满足自己的需求。开源不依赖某个中心化的团队，它具有一种"民主"的色彩，更能够体现"去中心化"的特点，这也与比特币的"去中心化"不谋而合。

"开源"的终极目的并不是为了开源，而是为了共同完善和共同分享。如今，比特币成为一种大众化的数字货币，它不属于某个组织，而是属于分布在世界各个角落的人类。就像某些极客在微博上宣称的："我们需要去中心化的比特币，我们不需要比特币央行！"

第六章

比特币面临的问题

1. 剧烈震动的比特币币值

比特币最为疯狂、传奇的地方，莫过于它剧烈震荡的币值。它的这种"疯狂"与"剧烈"，我们很难找到一个准确的词来形容。过山车？不对！过山车的"波动值"与比特币的币值的"波动值"完全不是一个等级的。与比特币相比，过山车是非常"安静"的。约有十分之一的人敢于尝试过山车，敢于尝试投资比特币的人恐怕连千分之一都不到。

有人认为："剧烈的震荡是一种'灾难'，除了'灾难'，它不可能给人们带来正面的、有意义的东西。"就在几年前的某一天，人们还在考虑比特币到底有什么用，甚至有人甘愿尝试花一万个比特币购买一份比萨饼。披萨饼，实在不是什么值钱的东西，它仅仅是一种食物，并不是什么黄金工艺品。据说还有人尝试用比特币充值、买烟等。那时，比特币的地位还不如QQ币！没有人关注它，更没有人理解它，因此它也就不值钱。"物以稀为贵"只是一个相对的概念，对人有意义的"稀罕物"才是值钱的，比如黄金、白银、钻石、珠宝等；对人没有直接意义的"稀罕物"，就算全世界只剩下一个，大概也不会引起人们的关注，比如那些不断消失、灭绝的生物。那时，人们也预测了比特币的"灭亡"时间，并把它划归为"生命短暂"的事物。

然而，比特币并没有昙花一现，反倒在夹缝中求得了生存。越来越多的粉丝奉它为圭臬，认为它能够解决法定货币难以解决的问题，比如汇率问题、跨境支付问题、假币问题等。甚至有人认为："比特币取代法定货币是早晚的事！"加之比特币本身是一种稀缺品，就算人们依靠算力全部挖掘出来，也仅仅只有2100万枚，全世界数百人才能分得一个。背靠先进的技术，凭借其"稀缺"的数量，比特币逐渐成为资本大鳄的炒作对象。众所周知，许多事物都是经过"炒作"才变得值钱！即便是黄金、钻石，也只有在人类认可的情况下才具备价值。我们看看前几年比特币中国的CEO李启元说过的一句话："前两年全世界的国家银行都在打压，跟用户说比特币风险很大，但是比特币的优点和稀缺性决定了它的价值，在前两年的冬天没有死掉，现在比特币已经复苏了。明年区块减半，很多人知道它的价值会大大增加。最近很多国际用户在我们这里注册，这个是国际上的整体变化。"从这句话中我们能够感受到，比特币的"疯狂"资本也是一种人为结果。但是我们还要反问一句：世界上任何有价值的东西不都是人为赋予的吗？

比特币是世界上第一款真正意义上的数字货币，它是一种技术象征，同样也能够像法定货币那样进行交易，并充当一般等价物。另外，它的数量是固定的，总数只有2100万枚。它不像那些钞票，可以肆意印刷，数量难以估量。从某个角度上看，可增印或者减印的法定货币完全可以引起市场经济的通缩或者通胀，它更像是一种"权力产物"，有一只无形的手在掌控着全局。比特币则是去中心化的，它没有发行单位，更没有管理它的部门，它是自由的、民间的、数量有限的，几乎可以用"无弹性的完美商品"来形容它。许多人不承认它是一种货币，但是它可以是一种"商品"，或者是一种"数字资产"！

比特币的现有市场，是"供不应求"的。即使全世界所有的矿场开足算力，也无法在短时间内全部挖掘出来。满打满算，当下的比特币数量只有1700万余枚，从长远角度看，比特币的币值可能会呈现出持续上升的势头。业内甚至有人预测："未来十年，比特币的币值有可能翻十倍！"当然这仅仅只是一家之谈，抑或只是一种大胆的预测而已。当下，比特币的币值始终处于剧烈震荡的阶段，它似乎并不适合一个普通的投资者进行投资。因此有人问："比特币为何震荡如此剧烈？是什么原因导致的呢？"

举个例子，股票市场也是一个剧烈震荡的交易市场，但是与比特币交易市场而言，它的震荡属于"理性"范畴的。股票市场并非是一个自由交易的市场，它是一个中心化的交易市场。在这个市场里，有各种各样的"中心化"的规则和杠杆进行左右和干预。在规则和杠杆的制约下，股票市场始终处于一个理性的震荡范围。比特币交易市场完全不同，它代表着一个没有规则、没有杠杆、完全自由的市场，是一个纯粹意义上的"资本博弈"的市场。因而不受控，它的币值就会突破理性而走向疯狂的一面。因此我们应该对投资人说一句：比特币很疯狂，投资需谨慎！

2. 比特币面临的风险

风险无处不在，人类的发展就伴随着各种风险。在某个时刻，这种风险就是"危险"，如果这种风险爆发了，就会造成灾难性的后果。比特币是一个炒作出来的数字货币，它始终在风口浪尖上。它被人评论，被人诟病，被人看衰。总之，它的魔鬼属性大于天使属性。即使它的技术如此迷人，也似乎存在种种不可治愈的漏洞。

有一个年轻的投资人，他曾经有过成功投资股票的经历。十多年的炒股生涯，让他实现了千万富翁的梦想。在他心里，投资是一种挑战，似乎就像普通人与魔鬼掰手腕的较量。后来，他开始关注比特币，认为比特币是"后股市时代"最好的投资目标。于是他从股市中割出二百万资金，投入到比特币市场上。前面我们介绍，比特币的币值波动非常大。比特币交易所并未设置跌涨线，也就不存在"涨停板"或者"跌停板"的现象。因此在比特币投资市场里，要么大赚一笔，要么赔个底儿朝天。

这个年轻投资者非常幸运，刚刚进入投资市场就赶上一波涨幅，并因此赚了几十万元。小试身手便有了大收获，比特币交易市场给了他一个甜蜜的见面礼。于是他更加有了信心，甚至把自己股市里的资本完全转移到比特币交易市场中。这样一个举动，差点"毁掉"了他的人生。几周之后，一波"跌潮"来临，他一共投入了600万资金，不到几天工夫就缩水了一半！此时有朋友告诉他："比特币并不是一种适合投资的商品，尤其不适合小散户投资！"年轻人听了朋友的建议，及时止损。退出比特币交易市场之后，这个年轻投资者似乎得了一场大病，对各种投资都失去了信心。

现实中，投资比特币失败的案例比比皆是。这种如过山车般的投资，存在着非常大的不可控的风险。在这里，我们谈一谈"去中心化"的风险。众所周知，比特币是一种去中心化的货币，没有相关的部门、组织进行监管，因此它属于一种自由投资商品。没有监管，也就没有行业规则。大财团或者垄断组织完全可以对这样的商品交易进行"暗箱操作"。如果一只无形的手在里面操纵，等同于为其他散户做了一个"局"，这个"局"的目的就是做空投资市场，把小散户的钱赚到自己手里。因此，对于那些小散户来讲，投资这样一种波动非常大，且没有游戏规则和监管制度的交易游戏时，很容易被庄家做空而血亏一笔钱。

除了"去中心化"带来的监管风险外，比特币还面临哪些风险呢？通常来说，还存在以下四种风险。

舆论带来的风险：比特币火得发烫，完全如明星般存在。只要我们打开电脑，在搜索网站上输入"比特币"三个字，便会跳出许多文章。在这些文章中，总是"白脸"与"黑脸"相互配合着宣传比特币的某种"好"。比如，它是希望之星，有不断升值的潜力，未来身价不可估量；比如，它数量有限，物以稀为贵；比如，它的技术非常有发展前景，各个国家都在深入实际地研究它。这些舆论，我们难辨真假。如果我们被这样的舆论牵着鼻子走，必然会引发一种错误的认知风险和潜在的交易风险。

操控带来的风险：在经济学上，我们常常讲到"二八定律"。什么是"二八定律"呢？就是20%的人掌握着80%的财富！在比特币的财富世界里，90%的财富掌握在5%的大财团手里。因此，这些大财团就成了设局的庄家。大财团掌握着比特币的命脉，甚至可以做到"想让谁赚钱，谁就能赚钱"的地步。在大财团的操控下，去中心化的比特币似乎变成了一种"伪去中心化的投资商品"！如果某某投资者不小心进入了比特币交易市场，就有可能遭遇这样的操控风险。

洗钱带来的风险：有人说，比特币本身没有价值，有价值的仅仅是比特币的交易系统。如今，许多国家都面临着贪污腐败、金融犯罪的问题。许多国家严抓外汇政策，就是为了防控这一类"洗钱"犯罪事件。当常规的"洗钱"通道被限制时，不受监管的比特币交易通道就变成了一个现成的"洗钱"通道。许多犯罪组织或者罪犯通过比特币交易洗钱，或者为地下钱庄提供服务。如果这样的风险得不到控制，将会给打击相关犯罪带来压力。

技术带来的风险：比特币自从诞生以来，技术面临的风险就一直不绝于耳。比如双花问题，比如比特币账户面临黑客攻击的问题，比如区块链本身的安全性能问题，比如比特币交易所面临的安全问题等。如果这些漏洞没有得到妥善解决，比特币恐怕难登"大雅之堂"！

除此以外，比特币并不被各国政府看好，随时关闭，或者取缔比特币交易所也是有可能的。在许多人的眼里，比特币早就与各种骗局产生了瓜葛。唯有避免这些风险，比特币才能得到广泛的认可和赞誉。

3. 比特币存在的监管难题

过去，许多国家的政府部门或银行部门并不关注比特币这类事物。即使关注了，也会认为它并不会撼动政府、银行的功能和信用。一个新事物在没有政府的支持下，很难做强做大。历史上出现过无数个新事物，这些新事物要么被历史潮流淹没，要么被政府所利用、推动，并成为政府推动社会发展的一种管理工具。也就是说，许多"功能"属性是被赋予的，而不是与生俱来的。比特币出现后，除了为数不多的几个比特币布道者发一发帖子，几乎没有鲜花和掌声。也就是说，它并不被人关注或看好，似乎也会像那些"昙花"一样，趁着夜深人静之时短暂地绽放之后便死亡。

世界上并不存在"绝对"二字！当人们的视线开始远离它，比特币竟然以一种"野蛮生长"的方式迅速发展起来。它代表着一种技术，但是它并不是中本聪的某个"作品"，它似乎成为了一种"信仰"，这种去中心化的"信仰"非常有魔力，让那些所谓的"无政府主义者"或者彻头彻尾的"自由主义者"找到了灵魂的归宿。他们认为，比特币可以带给人们前所未有的感受和体验。这一部分"追随者"，有极客，有大学教授，有投资人。极客代表着技术，大学教授代表着舆论，投资者则代表着价值。这种分工明确、各司其职的方式，逐渐把比特币推向了前台，甚至让它荣登"新闻头条"的宝座。看上去不显山、不露水的比特币竟然成了明星，甚至像一个草根明星。它有一种魔力，抑或是一种吸引力，许多人开始捧它，奉它为圭臬，把它当作唯一一种可以取代法币的加密数字货币。拥趸者越来越多，资本的雪球越滚越大。这样一个雪球，如果任由它从资本的高山之巅彻底滚下来，就会对传统的金融货币体系造成极大的冲击。当各国政府、银行开始意识到"狼来了"的时候，比特币这只狼已经变成了老虎。

人人都爱扮演"事后诸葛亮"的角色。当比特币已经变成一只老虎，有些人便跳出来说："比特币元年，如果政府部门把它'招安'了，就不会有现在的种种困惑！"说到"困惑"二字，各国政府或银行的"困惑"又是什么呢？

首先，比特币已经成为民间的、某种带有普遍共识的"数字货币"，也就是说，它具有相当深厚的"民间基础"。就像一场革命，革命同样需要这种"民间基础"。当这种"民间基础"越来越厚实，其力量完全可以对抗官方时，就会令官方感到压力。在这种"民间基础"的支撑下，比特币拥有了

"民间"所赋予的货币属性，它具备了货币的价值尺度，具备了交易、流通的资质。它甚至可以成为民间的"法定货币"！这种民间的力量让各国政府或银行感到有些手足无措，采取强令制止措施似乎也不能达到立竿见影的效果。

其次，比特币变成了一个"明星"，其"明星光环"就会发挥另外一种吸引作用，尤其对比特币的"投资者"有难以拒绝的诱惑力！有些投资者是干干净净的、纯粹的投资者，他们喜爱比特币，并认为它具备投资的价值；有些投资者是带有"阴谋"的投资者，这一类投资者擅长"做局"，能够借助其强大的财力在资本投资市场上兴风作浪，并从中牟取暴利。很显然，比特币为他们提供了"炒币"的机会，一场比特币投资热潮也被掀了起来，就连那些大爷大妈也变成了"炒币一族"。比特币被炒得水涨船高，比特币不是黄金却胜似黄金，因此被人取名为"比特金"。但是由于缺乏"游戏规则"，比特币交易市场变成了资本泡沫市场。不断注入的资本如同啤酒泡沫般溢出来，一场巨大的金融阴谋便开始酝酿。如果政府部门再不伸手处理，可能会对国家金融造成冲击。

再次，比特币已经被某些图谋不轨的人盯上了，它有可能或者已经成为违法犯罪的工具。尤其在"洗钱"方面，比特币交易系统可谓是首当其冲。甚至南美大毒枭们也开始把比特币交易系统纳入到毒品交易网络中。政府部门想要打击这种以比特币为交易网络的犯罪，存在"取证"难题。比特币自带的那种"匿名交易"属性似乎也在冥冥中成为犯罪的帮凶。因此，只有将比特币纳入具有政府背景的中心化管理体系，才能从根本上解决这样的问题。其中的困惑是，政府的"招安"，比特币的拥趸们能同意吗？如果采取"民主投票"的方式决定比特币的归属，也只会是遥遥无期。

比特币存在的"隐患"还有很多，这些"隐患"都会令各国政府及相关部门起鸡皮疙瘩。想要破解这个"谜题"，恐怕各国政府及相关部门还要加强货币技术的创新与投入。只有创造出更先进的"数字货币"，并改革货币制度，才能解决相关难题。

4. 比特币的"双花"问题

前面我们简单提到过比特币的"双花"问题。所谓"双花"，就是双重支付。据说想要做到"双花"，技术上并不困难。一位业内人士说："想要实现'双花'，可以让一名'矿工'帮你完成；或者你注册成为一名'矿工'。""双花"是一种欺骗行为，这种行为在中心化的法定货币交易中是难以出现的。

"双花"是一个漏洞，这个漏洞就是"去中心化"的技术因素导致的。中本聪在《比特币白皮书》中这样写道："1，新的交易向全网进行广播；

2，每一个节点都将收到的交易信息纳入一个区块中；3，每个节点都尝试在自己的区块中找到一个具有足够难度的工作量证明；4，当一个节点找到了一个工作量证明，它就向全网进行广播；5，当且仅当包含在该区块中的所有交易都是有效的且之前未存在过的，其他节点才认同该区块的有效性；6，其他节点表示他们接受该区块，而表示接受的方法，则是在跟随该区块的末尾，制造新的区块以延长该链条，而将被接受区块的随机散列值视为先于新区块的随机散列值。"事实上，节点总是把最长的那条链当做正确的链，并继续将其延长。如果有两个不同的节点同时"广播"不同版本的区块，其他节点在接收到该区块的时间上将会存在一定的差别。正因如此，潜在的"双花"隐患就被种下了。举个例子：一个奸商需要将相关的诈骗信息进行发布，比如同时向A比特币用户和B比特币用户进行发布交易的广播，让双方都产生交易的心理和冲动。然后，奸商需要选择A或者B进行交易记账，选择了谁，谁的区块链分支就会更长。因此，较长的链被认可，较短的链被放弃。

上面的案例虽然不是比特币"双花"的案例，但是骗人的行为都是相似的。以上面的案例为原型，稍微进行一下改造，就会形成另外一个新案例：首先，奸商需要将相关的诈骗信息进行发布，比如同时向A比特币用户和B比特币用户进行发布，让双方都产生交易的心理和冲动。然后，奸商需要选择A或者B进行交易记账，选择了谁，谁的区块链分支就会更长。因此，较长的链被认可，较短的链被放弃。简言之，就是奸商将一个交易分成了两个地址，然后通过相关手段将一个产品同时卖掉两次，从而赚到两份比特币！因为比特币网络中没有相关的中心化的复核、检验环节，也就给这种诈骗行为提供了便利。简单叙述的这个案例或许不那么准确，但是比特币系统中存在的"双花"问题却是不争的事实。

　　既然"双花"问题不可避免，那么我们是否还有"亡羊补牢"的机会呢？事实上，防止"双花"的方法有很多。

　　第一种，引入ID验证。任何与比特币相关的交易都要通过比特币交易所或者客户端进行交易，只要比特币相关交易系统的技术人员引入了"ID验证"，对交易中的交易方的IP地址进行分析、检测，就可以提前识破骗子设计的"双花"骗局从而阻止"双花"。

　　第二种，引入"远程认证"。"双花"问题不可避免地指向"去中心化"，而去中心化带来的不安全的交易弊端远不止如此。如果我们能够为比特币交易系统引进一个"中间人"，这个"中间人"可以为交易双方提供远程认证服务，就会让交易变得更加合法、可控。俗话说："哪里造成的问题，就要修补哪里！"去中心化无法完善并改良交易系统，就只能引进"远程认证"环节来辅助改良交易系统。

　　第三种，对"诈骗犯"以及犯错的区块进行严厉处罚。举个例子：某城市黑出租现象非常严重，黑出租引发的犯罪率一直高居不下。为了解决这个问题，打击"黑出租"，规范出租车行业，该城市相关部门颁布了一则严厉的处罚黑出租运行的条例。一旦查到"非法运营车辆"，终身吊销该司机的营运资格和驾驶执照，并进行一万元以上的重罚。通过这种严厉的管理处罚方式，某城市的黑出租现象得到了控制。如果相关机构能够对"诈骗犯"以及犯错的区块进行严厉处罚，恐怕就不会有很多人冒着被查处的风险而给交易的另一方下套了。

　　除了上述三种防止"双花"的方法外，还有许多办法，因篇幅问题就不一一罗列了。总之，比特币"双花"问题应该引起投资者以及比特币交易系统的设计者的高度重视。只有彻底解决了这样的"双花"问题，才能吸引更多的用户选择使用比特币。

5. 比特币的"匿名性"问题

在人类的发展中，人作为一种个体，由原本的"开放"逐渐走向"消隐"！比如过去，许多人喜欢一起生活在大杂院里，家庭生活是向个人家庭世界之外敞开的，并成为另外一个开放的社会生活的一部分。在这种"大杂院"里生活，人与人之间更像是兄弟姐妹，你的事就是我的事，我的事也就是你的事。后来，一种"家庭隐私"的概念闯入人们的大脑，"家庭隐私"就开始起作用了。最初以一种"家丑不可外扬"的形态出现，后来就引向了普通的家庭生活。隐私，成为生活的重要部分。日记上锁、手机设置密码等，消费、交易作为人们最常见、最普通的生活，也被"隐私"化。此时，比特币出现了。比特币是一种加密数字货币，它本身就具备一种良好的"藏匿"隐私的本领。因此，比特币的"匿名性"功能恰恰符合人们对于交易隐私的这一种需求。

但是有人怀疑："比特币的交易不是公开的吗？既然是公开的，又如何进行保密？"虽然比特币的交易都是公开的，且交易都是不可逆的、不可删除的，但是它却可以将交易人的个人身份进行保密和隐藏。换句话说，虽然你知道了一笔交易，但是却不知道交易人是谁！举个例子：有一对年轻夫妻，男人非常节约，不舍得花钱；女人则有爱美之心，希望自己能够像其他女孩那样多买一点衣服、护肤品之类的东西。男人不仅自己省钱，对自己的妻子也是十分"抠门"。或者说，他几乎从未给自己的妻子买过一件像样的东西。为了满足自己的购物需求，这个女人只能通过登陆具有保护隐私功能的账号，再进行网购。这个女人之所以能够做到"交易"的隐私保护，有两个办法：一、她借助具备隐私保护功能的账号登陆网站去购买自己想买的东西；二、她尽量让自己的"财务"自由，想方设法赚到并预留了一些"私房钱"，而这笔"私房钱"并不为其丈夫所知。这个故事，真是一个令人悲哀的故事。但是交易的"隐私"似乎又非常重要，交易身份一旦被公开，可能会引发其他严重的后果。人们对"隐私"的需求越来越大，比特币的市场就越来越大，吸引力也就越来越强大。

但是话又说回来，比特币的"匿名性"果真这么灵验吗？果真查不到点什么吗？有这么一句话："天上没有任何痕迹，但是鸟儿已经飞过！"雁过留声，鸟过留痕。如果一个人想要通过比特币的这一个"匿名"功能实现绝对意义上的隐身，那是绝对不可能的。事实上，这种"匿名"的安全性还不如直接使用现金。众所周知，用现金购物是最常见的一种购物方式。拿着现金去超市，一手交钱一手交货。如果卖家认识你，这样的"交易"就是公开的，毫无隐私可言；如果卖家不认识你，这样的"交易"就是隐匿的，就可以构成一种交易的隐私性。对于卖家而言，他卖货的目的是为了盈利，而不是为了弄清买家的身份。因此，这种现金式的一手交钱一手交货的方式甚至比借用比特币购物的方式还要安全隐秘。因为现金交易，没有可追寻的技术来证明这笔"交易"的存在，除非借助摄像头以及DNA生物信息进行比对、判断。事实上，谁又会因好奇心作祟而借助DNA生物核对技术去了解一个人的购物隐私呢？除非这个购物的人是一个"通缉犯"，解开相关隐私真相仅仅是为了破案而已！

如果用现金交易比使用比特币交易更加"安全可靠"，那么比特币似乎就不是一种很有价值的货币了！如果我们这样去对比理解，似乎又把比特币看扁了。人们使用比特币交易，更多是在"跨境"或"跨区域"等方面进行交易。很显然，"跨境"交易不可能实现面对面的现金结算，而其他的"中心化"的转账方式，一个人所有的交易记录、交易信息都会被"中心化机构"记录下来，也就毫无"隐私"可言。相比较而言，比特币的交易系统还是非常先进的，它的"匿名性"可以体现在比特币的交易系统中。在此还需要说明一点，比特币的"匿名性"不需要比特币用户证明自己到底是谁（没有实名认证的要求），只要用户的登陆密码是正确的，就可以完全拥有并控制这个账号。如果ID背后的账号仅仅是一个虚假的名称，即使"追根溯源"也很难揭开交易者的真实身份。

从某个角度看，比特币可以"匿名"，又不可以"匿名"。这看上去似乎有点矛盾，但是仔细思考之后，又不存在这样的矛盾。相比较那些中心化的交易系统，比特币交易系统的"匿名性"功能还是非常强大的。

6. 比特币 "泡沫危机"

如今，"泡沫"这个词非常火。人们都在议论"泡沫"，比如地产泡沫、经济泡沫、股市泡沫、货币泡沫、资产泡沫等。泡沫成了一种现象，而另外一个叫"海绵"的词也被拿了出来。有人说："泡沫就是海绵，要按时挤一挤！"泡沫，看上去体积很大，实则空空如也。喜欢喝啤酒的人都知道，倒啤酒的时候可以产生很多"泡沫"，如果啤酒倒得很快，泡沫就会越来越多，直至泡沫从杯中溢出。怎么才能去除这种"泡沫"呢？有两种方法。第一种，沿着杯子一侧缓缓注入，虽然泡沫也会不断产生，但是却不会溢出；第二种，用一根筷子进行搅动，将泡沫搅破。细心的人们或许还能发现第三种、第四种方法。当然，经济泡沫与啤酒泡沫不是一码事，而货币泡沫与经济泡沫却有着千丝万缕的关系。

泡沫的故事无处不在，荷兰曾经发生过一次"郁金香泡沫"，这个"泡沫故事"颇为奇葩。众所周知，荷兰的国花就是郁金香，郁金香确实是一种非常漂亮的花，甚至是非常艳丽的花！在荷兰，人人都喜欢郁金香，家庭种植郁金香也是极其普遍的。但是在16世纪末，郁金香可是一种非常珍贵的东西。

1593年，一个来自奥地利的教授把一些原产于土耳其的郁金香球茎带到了荷兰莱顿。这个教授是一个出色的栽培专家，然后将这些球茎养成了漂亮且诱人的郁金香。当时，郁金香是一种稀缺物，就像现在的比特币那样，数量极其有限，喜欢的人却非常多，所谓"物以稀为贵"就是一种严重的"供不应求"的表现。当然，这个教授培养郁金香并不是为了售卖，而是为了研究。

有一天，一个盗贼潜入教授的家中，盗走了大量郁金香球茎。没想到，这些球茎刚到市场上，便被抢售一空。郁金香球茎成了"抢手货"，而且售价非常高，且又十分难求。于是有一些商人、投机分子开始踏入郁金香行业，并大量囤积郁金香球茎。为了让郁金香看上去更加值钱稀缺，他们便开始大肆宣传，编造各种各样的好听故事，大概就像"鸿茅药酒"鼓吹它的疗效那样，郁金香不但美丽，沁人心脾，甚至还有治疗各种疾病的效果……当然那时人们对"癌症"二字还没有形成概念，倘若已经形成，说郁金香能够治愈癌症也是有可能的。郁金香成了"尊贵"的象征，荷兰人以家庭拥有郁金香的数量来显示其高贵的血统和不菲的身价。

郁金香"火了"，简直就像比特币一样，价格不停地往上涨，甚至到了一天一个价的地步。郁金香越贵，投机分子就越高兴。甚至有一些投资者将郁金香球茎进行分类，那些看上去怪异、奇葩的球茎还可以拍卖出天价。甚至还有了一个行业内不成文的鉴定标准："球茎越古怪其价格就越高！"有一些人幻想着：如果今生拥有了几个样子奇怪的球茎，这一生就衣食无忧了。人们的价值观发生了变化，郁金香球茎才是一个人终生奋斗的方向。这听上去简直匪夷所思，给人一种被驴踢了脑袋的感觉。

当然这种"泡沫"总有破裂的一天。1637年，在一次郁金香的拍卖会上，一个看上去非常古怪的郁金香球茎并未拍出天价。与此同时，许多人似乎开始厌倦了这种游戏，随之而来的则是巨大的危机。郁金香球茎不值钱了，甚至它只能卖出大蒜头的价格。荷兰政府为了止住这种颓势，发出声明：郁金香球茎市场依旧坚挺，请民众谨慎出售郁金香球茎。这样的声明如同一张废纸，再也没有人听信这些言论了。郁金香球茎售价一落千丈，许多"投机分子"也因此破了产。因"郁金香"而引起的金融危机差点拖垮了荷兰的经济。而如今的比特币，似乎有种重现郁金香泡沫危机的场景。

有人说："比特币只是为投机而生的，它根本没有'币'性，仅仅只是一个数字串。能够把数字串变成财富的人，不是阴谋家就是无良的投机分子。"这样的言论似乎越来越多。人们对比特币的这种变态疯长越来越不满，就连那些投机者也快看不下去了！比特币的身价如果按照现在的速度涨下去，一枚比特币换一套一线城市的商品房都是有可能的。传奇投资人乔治·索罗斯认为："作为货币应该具有稳定的价值储藏功能，比特币一天的波动可以高达25%，意味着用比特币来发工资是行不通的。与快速崩溃相比，比特币价格可能会维持在一个平坦的高位。尽管如此也不能改变比特币是一个典型的泡沫的本质，它和郁金香热一样都是基于误解。"

或许未来十年，比特币的价格还会继续往上涨。只不过它现在还没有被广泛的国家所认可。在这种情况下，比特币似乎只能在小范围内产生泡沫，并不会动摇社会根基。

7. 比特币"洗黑钱"漏洞

曾经有人把社会分为两个部分，一部分位于"冰山之上"，即我们所常见的社会；另外一部分位于"冰山之下"，即我们平时所难以看到的社会。冰山之上的社会，是一种符合普世价值观的社会，不管是人们的教育、工作、生活方式，都是健康且积极向上的。冰山之下的社会，是一种背离普世价值观的社会，这个社会里充满了各种各样的"虚假交易"以及见不得光的"罪恶勾当"。当然，我们不应该把社会简单地分成两部分。"恶"的一部分，主要还是因为"恶"可以把许多带有"天使属性"的事物污染掉。大概一个东西变味之后，它的形象就很难扭转过来。比如比特币，比特币出现后，身边沾染了太多负面新闻，比如严重的价值泡沫、投机、洗黑钱、毒品交易等。当这些不好的东西找上门时，比特币的形象也就大为受损。许多人一听到"比特币"三个字后，第一个疑问便是："是忽悠人的吧？"也就是说，比特币很难给人带来正面且积极的印象，而这一尴尬的问题恐怕短时间内也难以解决。

著名经济学家克鲁格曼也看衰比特币，他认为："比特币永远不适合作为货币，它天然的通缩性质，使其类似于黄金，却又没有实物，很难适应日益变革的新经济。即使像黄金这样的贵金属，也已不再适合于当今世界的货币体系，更何况是无理论体系、无政府基础、不成熟的新型货币技术。"在种种质疑声中，比特币似乎并没有做出怎样的改变，它反而被一些不法分子盯上了。因为比特币的无政府基础、不成熟的新型货币技术太容易被人利用了。那么从事"洗黑钱"的不法分子都喜欢比特币哪几点呢？

首先，比特币具备交易匿名的特点。匿名交易，也就从根本上隐藏了罪恶的交易行径。众所周知，罪恶交易是见不得光的！他们总是选择隐秘的地下交易。据说，传统的洗黑钱通过一种所谓的赌局筹码或者以一种"投资"形式将资金转移出去。当然，传统的洗黑钱的渠道似乎越来越狭窄，而各个国家在打击洗黑钱等方面也取得了突出的成绩，并形成了一种成熟的破案经验，这也让某些人敢想而不敢做。另外，洗黑钱通常并不是"现金"交易，也要通过相关金融部门进行转账、兑换等，交易记录、交易者的信息都会被记录下来。很显然，比特币的交易渠道就安全多了。比特币的"匿名"特点让这些罪犯们非常开心，或者他们会兴奋地大叫："这难道不是天赐良机吗？"选择比特币进行洗黑钱的勾当，就会变得顺理成章。

其次，比特币具备交易的不可追踪的特点。虽然比特币的交易都是公开的，而且还会被记录在册。但是我们想：比特币交易网络中，每天会出现多少笔交易呢？当其中一笔罪恶交易混入到各种各样的普通交易中，就如同一枚螺丝钉掉进了大海里！想要把这枚螺丝钉从大海里捞出来，恐怕比登天还难。有一个名为基恩•柯林斯的著名专栏作家说过一句话："如果我们想要知道赎款的流向，那就要在起始和疑似终点地址中间成千上万笔交易中寻找答案。"另外，比特币是没有"中心化"控制系统的，想要完全通过另外一种技术去介入并控制比特币的系统再进行筛选罪恶交易，同样也是一件不现实的事。一位币圈专家讲："假如一个人真的利用比特币进行洗钱，恐怕这个'洗钱案'会石沉大海！"因此，许多国家政府都非常头疼，并且把打击"比特币罪恶交易"放在一个重要的位置上。有人提议："关掉国内的所有交易窗口，问题不就解决了？"但是我们完全可以用另外一个反问句去驳斥这个提议，即："难道还要关掉整个比特币交易系统吗？"很显然，关掉国内的交易窗口，这些人还可以登录国外的交易窗口进行犯罪交易。

另外，比特币交易系统可以提供免税的、免监管的、跨境的、低中介费的交易。当这些优点与可匿名、不可追踪等碰撞在一起，就会产生化学作用。而这种"化学作用"对那些想要进行洗钱的人而言有着无法拒绝的魔力。借助比特币进行地下黑金交易，几分钟即可全部完成。对于各国政府以及相关执法部门而言，打击比特币网络的各种犯罪依旧是任重而道远。

8. 存在隐患的比特币"交易所"

有人说："世界上并不存在严格意义上的'去中心化'，所谓的'去中心化'也要借助某个平台去运行。"这番话，似乎把比特币也涵盖在了里面。也就是说，比特币虽然打着"去中心化"的旗号，实际上并未完全做到"去中心化"。此时有人好奇，并提出疑问："比特币不是不依赖中心化的发行机构吗？既然如此，为何它并不完全是'去中心化'的呢？"比特币虽然由一种"去中心化"的技术程序所研发，但是它的所有交易都要在比特币交易所里进行。如果没有比特币交易所，恐怕比特币只是一堆乱码而无实际意义。交易所为比特币提供了交易、转移的平台，而交易所并非是"去中心化"的，它完全是交易所的开发者所制造的，并以赢利为目的的、可以实现后台控制的中心化的平台。比特币离不开比特币交易所，比特币交易所是中心化的……如果按照这样的逻辑去推断，比特币也是一种需要提供中心化交易平台的去中心化的数字货币。听上去似乎有点绕口，但却侧面反映了比特币是一个相对意义的"去中心化"数字货币的这一事实。

比特币离不开交易所，人们交易比特币同样也离不开交易所。交易所在整个比特币交易、转移过程中起到了一个重要的媒介作用。许多比特币"商人"看到了开办交易所所带来的好处，于是纷纷建造并推广自己的比特币交易所。不过此时，又有人会提出质疑："比特币交易不是可以自动在区块链中形成吗？为何还需要中心化的比特币交易所？"在这里，我们需要重新对比特币交易的一个特点进行重申：比特币在转移过程中，出于其安全交易的技术考量，一笔交易需要六个区块的确认才能实现交易的完成。比特币每交易形成一个区块，需要十分钟的时间，六个区块就需要六十分钟，即一个小时的时间。当然，这仅仅只是在理想状态。如今，比特币交易非常火爆，但是其网络算力却依旧十分有限，于是造成了一种"交通堵塞"的现象。在这种情况下，交易一次所需要的时间可能是"遥遥无期"。当一个人参与一次比特币交易，需要耗费几个小时，甚至几天时，大概也就会对比特币交易完全失去了耐心。比特币交易所出现之后，大大提高了比特币的交易速度，并缓解了那种"交通堵塞"的现象。因此，人们登陆比特币交易所进行比特币交易及转账，就是水到渠成的一件事。

比特币交易所虽然带来了较大的方便，但是比特币交易所作为一种"程序化"的客户端，一定是需要不断完善和升级的。如果遇到了一个水平很高的黑客，就会通过攻击比特币交易所并从中获得好处。现实中，有人攻击比特币交易所吗？答案是肯定的！比较有名的"交易所攻击事件"有五起。2014年，某黑客攻击了当时世界上最大的比特币交易所Mt.Gox，并从该比特币交易所盗走了85万枚比特币。有人听到85万枚后，立刻晕倒了，并发出感叹："天哪，这么会这样？这也太惨了吧！"令人悲哀的是，Mt.Gox交易所也因此倒闭破产了。2015年，Mt.Gox交易所的老对手Bitstamp比特币交易所也遭到了黑客的侵入，并被盗窃了价值510万美元的比特币。2017年，韩国有一家名为Bithumb的比特币交易所也被黑客光顾了，而这一次有3万多名比特币客户的相关信息被窃取，并带来严重的损失和非常恶劣的社会影响。2017年，韩国的另外一家名为Youbit的比特币交易所也被黑客侵袭了，并造成了非常致命的损失，而这次损失也导致Youbit比特币交易所直接宣布破产。2018年，日本的一家名为Coincheck加密数字货币交易所也被黑客盗窃，并因此丢掉了价值高达4亿美元的数字货币。

比特币交易所不仅会遭到技术漏洞的困扰，而且还会遭到道德风险的考验。什么是道德风险呢？道德风险特指在一种信息不对称的情况下，从事该"交易"的责任方为了个人利益或者实现某个愿望而进行了一种"损人利己"的行为。比如，暗箱操作是一种道德风险行为，盗窃也是一种道德风险行为。如果道德风险行为触及法律的红线，就是一件违法犯罪行为。世界上最大的比特币盗窃事件，即Mt.Gox交易所被盗事件也被许多人认定是一起"道德风险"事件。Mt.Gox交易所被盗，极有可能是一种"监守自盗"的行为。就像某个城市的一家金店，金店保卫人员与其他犯罪分子里应外合，盗窃本店的黄金一样。于是产生了这样一个言论："黑客攻击并不可怕，最可怕的是'监守自盗'！"挖自己家的墙脚，不仅是一种道德败坏的行为，更是一种非常令人不齿的行为。

如今，全世界拥有许多比特币交易所。这些交易所都是黑客眼里的猎物。也就是说，只要通过比特币交易所进行比特币交易和转账，就会存在这样一种隐患。唯一的解决方法就是不断提升比特币交易所的安全性，并想尽一切办法防止"监守自盗"这种道德风险行为。

9. 被大佬们看衰的比特币

比特币，一个令人瞩目的"明星"，它的高出镜率简直令人咋舌。这种"高出镜率"并没有为它带来过多的正面的、良好的形象，反倒引来各种各样的看衰的声音。

有人这样看待比特币："比特币根本不是货币，它只是投机分子用来炒作的对象，或者是骗子用来骗钱的媒介。如果比特币真的具有普遍意义上的使用价值，这种价值就会被进一步放大，然后也会顺理成章地被政府所招安！"当然，这仅仅只是一种"看衰"的观点，还有更加有趣的观点。比如另外一位从事编程工作的先生，他的看法是："比特币系统本身就是一个巨大的漏洞，技术上也决定它走不长远。它注定只能是货币史上的一朵昙花，稍纵即逝！"从这个言论中，我们可以感觉到比特币在技术方面仍旧有巨大的提升空间，而不断出现的漏洞也成为众多黑客所利用的地方。前面我们介绍了五起比特币交易所被黑客攻击的事件，虽然比特币交易所与比特币在技术方面并无直接关系，但是也因为比特币交易系统的缺陷而衍生出比特币交易所这种产物。事实上，比特币存在的缺陷远远超出人们的想象。

如果说普通民众发出的声音是弱的，弱到所有人听不到。那么那些商界大佬的发声，却可以引起巨大的反响。有着"沙特巴菲特"之称的阿尔瓦利德王子，他在沙特乃至整个中东地区都极具影响力。阿尔瓦利德王子认为，比特币早晚有一天会发生内爆。那么，他为何会有这样的观点呢？也就是2017年，比特币"币值"超过了6500美元，而且还在一路高歌猛进的时候，阿尔瓦利德王子就开始感慨，这样一个疯狂增值的数字货币竟然不受政府控制，简直难以想象……它会对众多投资者产生影响！事实上，剧烈震荡的币值也让许多投资者感到担心。许多投资者一边吃着"速效救心丸"，一边看比特币"大盘"。如果长此以往，恐怕"速效救心丸"也起不了任何作用。当然，我们也可以用"玩的就是心跳"来形容这些炒币者。

摩根大通是世界上最著名的投资公司之一，在投资界可谓是大名鼎鼎。如果这样一个公司的董事长也看衰比特币的话，看来比特币真是到了不可救药的地步了。摩根大通的董事长杰米·戴蒙更是直言不讳，他始终认为比特币是一种"欺诈"，不会有好结果。甚至他形容投资比特币的人为傻子，并说道："人们居然蠢到去买比特币！"一个"蠢"字，可谓把比特币的投资者贬斥得无地自容。当然，杰米·戴蒙认为区块链是个"好东西"，它完全与比特币不是一码事。他还公开表示："区块链是一种技术，一种很棒的技术。我们会使用区块链，而区块链将在许多方面带来作用。"

我们再来看看另外一个大佬的评语吧。这位大佬似乎更加出名，曾经与大名鼎鼎的比尔·盖茨一同来中国劝说中国的土豪们做慈善，这个人就是股神巴菲特。巴菲特在接受英国《每日邮报》的专访时说："我几乎可以肯定地说，像比特币这样的互联网货币不会有一个善终。"后来，巴菲特还在CNBC电视采访中再次唱衰比特币："我不知道比特币会在什么时候迎来它的结局，我也不知道它会以什么样的方式结束。"既然巴菲特老爷子不看好比特币，那么老爷子所在的伯克希尔·哈撒韦公司也不会做比特币相关的投资。

在德国，某权威组织对77名金融企业的CEO和25名金融公司的董事会成员进行调查，调查的主题是：如何看待比特币市场？令人惊讶的是，95%的高管们看衰比特币，并认为比特币在未来十年内仍旧属于小众投资对象；还有3%的高管直接认为比特币将会在2025年之前彻底消失。不过这些人似乎与摩根大通的董事长杰米·戴蒙有相似的看法，认为区块链作为一种未来新兴的技术将会得到长足的发展。其中德国信息技术、电信和新媒体协会的一位财务专家说："比特币的底层技术——区块链技术可以记录交易数据，具有去中心化和透明的特性。目前银行和金融公司都对这种技术有极大的兴趣。区块链不是由一个中央机构管理的数据库，而是由该系统的所有参加者共同管理，所有交易都包含在区块链当中。"

除了上述这些大佬之外，还有许多大佬也不看好比特币。有的人认为："比特币数量有限，只能当作一种稀有投资商品进行投资，它本身并不具备货币的属性。"比特币在各路看衰中艰难地生存并前行，甚至还有一种不屈不挠的"生命力"！不管如何，比特币的巨大的"争议"是令它出名的原因。而它未来的结果，似乎也牵扯了许多关注者的心。

10. 比特币"扩容闹剧"

　　说到"扩容"二字，我们不得不谈一座"城市"和一条"公路"。城市是一个具有强大"代谢功能"的人类社会单位，在这个人类社会单位中，无数个人在里面充当不同的角色。但值得一提的是，如果先要让一个城市有健康的"代谢功能"，它的容纳体积、功能性就需要科学地符合某个标准。如果不符合某个标准，"代谢"出现异常，就会产生城市病。常见的城市病有外来人口过多导致的城市容积率不足，城市所提供的岗位数量与城市人口的就业需求产生矛盾等。如果这个问题解决不了，城市问题将会集中爆发，并导致严重的社会问题和经济问题。然后我们再说道路。道路的作用是给人类的出行提供便利，越平坦、越宽敞、车辆越少，人类的出行也就越顺畅。倘若一条道路过于狭窄或者崎岖不平，抑或车辆过多，便会引发严重的交通堵塞。众所周知，我们的首都北京，存在着非常严重的交通问题。在早高峰和晚高峰时间段，从东四环到西四环通常需要两个小时左右的时间……或者这个描述有些夸张，但是交通问题已经严重影响到人们的出行，甚至会影响到城市的建设和社会的发展！因此，"扩容"就会被提及，通过"扩容"解决城市和道路问题。

再提到"扩容"两个字，我们还会想到人们常用的电脑。许多电脑爱好者喜欢购买电脑硬件和各种零配件进行DIY电脑组装，这种DIY组装电脑有一个最大的特点：随时升级。举个例子：小王是一个游戏爱好者，为了打游戏他花4500元"插"了一台游戏电脑。小王说："DIY组装的优势在于高性价比和不断地升级。4500元钱的组装电脑与7000元钱的品牌电脑的配置几乎是一样的！"小王玩着一款非常流行的网络游戏。起初，他的组装电脑的配置完全胜任这款网络游戏的运行。但是随着网络游戏的不断升级以及对电脑配置的更高要求，小王的这个电脑运行网络游戏时开始出现运行"卡顿"的现象。于是他对电脑进行了升级，其中他也对电脑的内存进行了"扩容"，从而提高电脑的运行速度，防止网络游戏再次出现"卡顿"现象。

从以上两个案例，我们引申出比特币"扩容"的问题。比特币之父中本聪在设计比特币的时候，将其交易区块设置为1M，每一个区块需要10分钟才能确认一次，而一次完整的比特币交易至少需要六个区块的确认。换句话说，一次完整的交易至少需要一个小时的时间。如果在比特币元年，这样的交易在客户较少的情况下进行运转，貌似还可以忍受。但是现在，在客户增多的情况下，这样的低效率就无法令人忍受了。我们对比一下，比特币网络系统每一秒的交易上限为7次，VISA每一秒交易可达47000次，而支付宝每一秒交易可达100000次。这样的差距，也阻碍着比特币成为"法定货币替代者"的可能性。因此，"扩容"之路刻不容缓。

但是比特币"扩容"一事竟然"扯"出了三个门派。第一个门派是比特币的核心开发团队，他们认为只有采取一种"软分叉"的方式才能解决"低效"难题，而"软分叉"的优势在于不改变1M区块大小的情况下通过第二层"闪电网络"实现快速转账。第二个门派是以著名程序员加文（Gavin）为首的"硬分叉"派，他们认为只有采取"硬分叉"才能决绝"低效"难题，而"硬分叉"的特点在于借助市场交易行为来确定主链的区块大小。因此，我们可以把"硬分叉"派看作是创新一派，而"软分叉"派看作是保皇一派。当然，这还不算完事！第三个门派是一个"折中"派，这个门派既不支持"软分叉"，也不支持"硬分叉"，而是借助闪电网络的同时增加主链的区块大小，也就等同于给"公路"扩容，将双向四车道改成双向八车道。三个门派争得不可开交，似乎有愈演愈烈之势！

比特币扩容的问题是必须要解决的问题，否则比特币将会因为"低效率"的交易而毁于一旦。互联网时代，人们都在快节奏地生活着、工作着、运转着。"时间就是金钱"的理念似乎更加深入人心了。因此，只有将比特币进行扩容，提高比特币的交易速度，与此同时提高比特币交易的安全性，才能让比特币继续安稳地坐在"数字货币之王"的宝座上！

11. 比特币是否是"庞氏骗局"

有人说："人有两副面孔，一副面孔是天使，另一副面孔是魔鬼！"天使的面孔，可以让一个人展现"善"的一面，并且能够坚持用道德约束自己的行为，且能够为自己所做的一切事负责。魔鬼的面孔，则会让一个人展现"恶"的一面，而"道德"只能成为一种无关紧要的东西而无法起到任何约束作用，"恶"的表现形式有很多，欺骗就是一种"恶"。还有人说："人生如戏，全靠演技！"这句话似乎也表明了，"欺骗"已经变成了一种普遍现象，即使那些看上去甜蜜的笑容也难免摆脱"假笑"的嫌疑。

欺骗和谎言，似乎是人与生俱来的。人们制造骗局的目的不外乎有这么几个：第一个，用骗局掩盖真相，而这个真相被普遍认定为是丑陋的、不可见人的；第二个，用骗局牟取私利，世界中存在过的各种各样的"骗术"，很多都是为了骗取他人钱财的，其中有一种骗局叫"庞氏骗局"；第三个，为了脸面上的好看，用一种"拉虎皮做大旗"的方式衬托自己的自尊心，而这种欺骗方式对于一个人而言，完全是没有意义的。当然，制造骗局的人却不这么想。尤其是骗人钱财的骗子们，他们始终奉行"金钱至上"的原则，为了金钱甘愿出卖自己的名声与灵魂。上面我们所说的"庞氏骗局"就是这样一种，因庞氏骗局而受害的人，恐怕也是不计其数的。

事实上，庞氏骗局并不是一种"骗术"非常高明的局，它有很明显的"骗"的特征，我们用举例说明的方式来揭开庞氏骗局：一个人，他研究了一套"资金盘"的游戏玩法，他把这个"资金盘"称为可循环往复的、具有生命力的"资金盘"。只要其他人进入该"资金盘"，就会不断拿到高额利息。于是这个人对第一个人说："只要你投入一万块钱，我可以保证你每个月拿到10%的利息，既一千块钱。"月息10%，这样的诱惑是非常大的。对于那些迫切想要发财的人而言，很容易掉进这样的"资金盘"骗局里。第一个人信以为真并投入一万块钱，没想到第二个月初，他真的拿到了一千块钱的利息。第一个人的利息是怎么拿到手的呢？庞氏骗局的"骗术"就在这里。骗子将上述欺骗行为进行了如法炮制，第一个人拿到了10%的利息其实只是第二个人投入的一万块钱的10%。实际上，骗子并没有实际意义上的"投资"，而是靠这种可复制的"骗局"一环套着一环。因为没有"投资"，这样的"资金盘"是不会产生增值的。当这个骗子认为自己可以"收场"了，骗局就会结束。骗子骗走了钱，投资者被骗走了钱。人们对各种骗局深恶痛绝，但似乎又有可能成为骗局的受害者。为什么会这样呢？从本质上讲，人们的"贪心"注定了骗局的市场。

比特币是一种庞氏骗局吗？如果我们按照"庞氏骗局"的定义去界定，恐怕"投资比特币的行为"并不属于"庞氏骗局"。庞氏骗局最大的特点是"没有投资"，完全依靠"三寸不烂之舌"疯狂地发展下线，并采取一种上线吃下线的模式。这种骗局，与社会常见的"传销"有相似之处。没有"物"的投资局，就是一种庞氏骗局。比特币虽然是虚拟的、不可见的，但是并不代表比特币毫无"价值"！比特币的"币值"似乎也是实实在在的，许多人确实通过比特币大赚了一笔，并因此成了千万富翁、亿万富翁。经过这样一番解释，比特币的"局"就不是一种骗局，似乎就像炒股一样，赚钱、赔钱都是天经地义的。赚了钱说明自己的运气好，懂得投资；赔了钱说明自己的运气差，不懂得投资。于是有人跳出来补充了一句："胜败乃兵家常事，投资比特币亦是如此！"

如果当一个对比特币投资感兴趣，且想要从比特币世界中赚一笔财富的人对这番言论开始变得重视时，千万要小心。在这番言辞的背后，可能藏着一个真正的比特币庞氏骗局。这个骗局并不是比特币所带来的，而是借助比特币制造骗局的骗子所带来的。举个例子：有一个老人听某人说："比特币是一种创富商品，只要投资比特币，就会稳赚不赔！"在某人的花言巧语之下，这个老人参加了几期"认识并投资比特币"的课程，冥冥中相信了某人，并拿自己的棺材本让某人代理其投资比特币。事实上，某人是一个骗子。他并没有将这笔钱投入到比特币的市场里，而是利用这笔钱做了另外一个"局"，而这个"局"是独立于比特币之外的一个骗局。几个月后，某人卷着钱消失了。老人的棺材本没有了，甚至还许多人的棺材本都是"血本无归"！如果人们遭遇了"道德危机"，庞氏骗局就会以任何一种可能的"形式"出现，而比特币只是这个骗局的受害者，它为庞氏骗局背了黑锅。

因为比特币太火爆了，这种"火爆"就会被心怀不轨的人所利用。倘若您正面临这样一个"投资"机会，一定要谨慎、谨慎，再谨慎！

第七章

比特币的
参与者

1. 比特币的"疯狂投资人"

　　倘若一件事情变得疯狂，并不是事情本身疯狂，而是事情背后的人疯狂。我们总是把比特币当作一件疯狂的事物，它的疯狂似乎有悖常理，它似乎比任何跌宕起伏的剧情都要狗血。如果我们深入分析一下，比特币只是一种数字货币，它是中本聪创造出来的，它似乎并不具备疯狂的可能性。就像前面我们讲过的荷兰郁金香球茎的故事，难道郁金香是一种疯狂的植物吗？显然不是。它的"疯狂"是人们所赋予的，具体来讲是那些疯狂的"投资人"所赋予的。前几年，国内流行各种文玩，其中绿松、南红也被各路商人炒作得十分疯狂。往日里不值钱的玛瑙，摇身一变成了价值连城的顶级珠宝。任何一个疯狂的事物背后，都离不开各路投资者的炒作，比特币也是如此。

前两年，国内许多比特币投资人也是非常疯狂的。某报社的一个记者，曾经以"准投资人"的身份参加了一场"比特币联谊会"。"比特币联谊会"在某大酒店里进行，举办的规模并不小。参加"比特币联谊会"的人来自各行各业，有私企老板，有公司高管，也有离休干部，还有家庭主妇，这一点似乎有点超出记者的想象！记者原以为："比特币是一种新兴事物，通常来讲，年轻人或者极客们更加喜欢比特币这种事物！"

事实上，投资比特币与投资任何一种可能带来"暴利"的产品，几乎都有这样一群人参与。这一群人有几个明显特点：第一，对财富有着疯狂的渴望，寄希望通过"某个事物"能够咸鱼翻身或者大赚一笔；第二，有一种"羊群效应"在里面作祟，一个人赚了钱就会告诉第二个，然后第二个就会告诉第三个，以此类推；第三，被朋友介绍到"币圈"，碍于面子而选择性投入；第四，好奇心与发财心皆有，通常是先有的好奇心，然后再有了发财心。

这一群疯狂的投资者，并不见得各个都懂得比特币！比如一位40多岁的中年妇女投资比特币的目的是："帮助家里理理财，比特币应该是一个理财产品吧！"把比特币当成一种"理财工具"，这样的想法似乎没有问题。一位私企老板投资比特币的目的是："传统实体行业太难做了，一年下来也赚不了几个钱。我身边的几个朋友靠比特币赚了一笔，所以我也想尝试一下！"不能否认的是，比特币确实造就了一批千万富翁、亿万富翁。在这群人里面，也有一位专业"投资人"，这位先生说："20世纪90年代初，我就开始炒股。我炒过股票、期货、黄金，几乎没有失过手！所以，我也想挑战一下比特币！"在这群人里，有的人比较冷静，只是把炒作比特币当成一种普通投资；有的人却非常疯狂，可能会卖掉自己的房子而投资比特币。

组织"比特币联谊会"的人是一个年轻人，属于币圈内的技术精英，此人也是投资者之一。当然，他们聚在一起的另外一个目的是"挖矿"！据说，该联谊会隶属于某比特币矿场，投资者们还有一个"矿工"的身份。虽然他们没有直接参与"挖矿"，但是却将购买的矿机委托给一家"矿场"打理，他们还会以"股东"的形式参与比特币分红。在这群人里面，有人赚了钱，也有人赔了钱。具体赔了多少，想必只有他们自己知道。

上面这个故事，仅仅只是投资币圈中的"冰山一角"而已，这种暗藏的"疯狂"很难从每一个人的脸上反映出来。比特币从诞生到现在，也仅仅只有九年的时间。在这九年的时间里，比特币的身价涨了几百万倍。这种身价上的"疯狂"更体现了投资者的"疯狂"！当许多投资者挥动着支票跳进"资金池"里，即使是另外一种虚拟的事物也会被炒作起来。资金涌入得越多，比特币的身价就会越高。大多数人都沉浸在这种发财的梦里，似乎还有些人掌握了一套投资比特币的"科学方法"。币圈有一位大妈认为："比特币波动确实很大，但是总体呈现上涨趋势。依我看，长期持有比特币才是正确的选择！"除了这种"持长线"的观点外，还有一些人更喜欢炒短线，身上揣着"速效救心丸"似乎已经成为这些疯狂的投资者的标配。

有人问："疯狂的背后是什么？"我们听到了这样一个答案。这个答案是："疯狂的背后是另外一种疯狂！"疯狂是一种不正常的状态，这种状态之下则是空空如也的、虚无的，也就是我们所说的"泡沫"！还有一个数据也从某个角度上给出了"疯狂"背后的危险，即97%的比特币掌握在4%的投资者的手里。言外之意，这4%的人才是真正的庄家。换句话说，比特币更像是一个"局"，至于"局"的走向是什么，恐怕没有人能够预料到。

2. 比特币的"矿池拥有者"

疯狂的比特币创造了许多疯狂的人，在这群人里面，"矿池拥有者"是最为耀眼的。有人说："挖比特币就像挖资源矿一样，有付出才能有得到！"付出与得到，似乎符合一种所谓的"价值"逻辑关系，而这种逻辑似乎被许多人奉为真理。还有一句话叫："一分耕耘，一分收获！"意思与"付出与得到"大体相仿。大多数的"矿池拥有者"是非常勤劳的，就像勤劳的小蜜蜂一样用矿机采着比特币这样的"花蜜"。

"矿池拥有者"大多也是一些普通人，只不过他们平凡的面孔下面藏着一颗疯狂痴迷"挖矿"的心。有一个年轻人，他是一名普通电脑公司的程序员，朝九晚五的工作令他的生活有一些颓废。几千元钱的工资似乎也不足以让他谈一场"想走就走"的恋爱。他给自己的定义是"失败者"！大概，所有的"失败者"都有相似的灰色面孔。但是不甘于平凡的他，决定做一些有意义的尝试。于是，比特币降临在他的面前。

他下载了一个软件，然后用自己的电脑挖掘比特币。当时，比特币根本不值钱，挖比特币的人还是少数。这也意味着，比特币非常好挖，一台普通电脑就可以充当"大功率"的挖掘机。甚至我们还可以开一个玩笑："学挖比特币，不用去蓝翔！"于是，他用一天时间就挖了几十枚比特币。这种"挖掘"游戏似乎有瘾，于是他坚持玩这款"游戏"，直到自己拥有了为数不少的比特币。

紧随其后的是"比特币的疯狂时代"，它开始由不值钱变得值钱，年轻人无意中挖到的"比特币"也逐渐成了宝贝。到了2012年，比特币就开始显示其"价值"，身价开始一路飙升。到了2013年，一枚比特币就可以兑换几百美元。年轻人拥有大量的比特币，也就说明他已经变成了一个有钱人。于是，他拥有了两个身份：投资者和矿工。作为一名比特币的投资者，他通过"买卖"的方式赚取差价；作为一名矿工，他购置了许多台专业矿机，建立了自己的矿池。

随着比特币越来越难挖，产出率越来越低，甚至到了完全不产出的地步，这个年轻人换了一种思路，利用矿机挖"山寨币"！有人问："山寨币值钱吗？难道山寨币能够与比特币相提并论？"事实上，任何一种数字货币，只要有人炒作，就会产生经济价值。这个年轻人与自己的朋友一起投资了一个更大的"矿池"，这个"矿池"主要挖掘其他类型的数字货币，并且每天可以带来稳定的产出和收入。"山寨币"似乎比比特币的波动性还要大，甚至难以用"过山车"或者"大跳水"等夸张的词汇来形容。年轻人的"矿池"虽有稳定产出，但是山寨币的价格波动也动摇过他的挖矿决心。

到了2014年，比特币带领着众多山寨币价格回暖！年轻人继续开放了自己的矿池，拼命挖掘各类虚拟货币。这一年，年轻人与他的朋友都赚了不少钱。有的人买了别墅，有的人开上了豪车，有的人谋划建一座更大的"矿池"。在朋友的建议下，年轻人在南方某江边租下一个场地，然后购置了大量矿机，一个新的矿池便应运而生了。有人问："为何在江边开矿池呢？"年轻人的解释是，虚拟货币是靠消耗算力挖掘到的，消耗的算力越多，消耗的电力也就越大。如果一个矿池有成百上千台矿机，每一天消耗的"电费"也是非常高的。众所周知，江边的水电站能够提供较为便宜的电。在江边建"矿池"的目的，只是为了节省电费，降低采挖数字货币的成本。到了冬天，年轻人则将"矿池"搬到北方山区。此时，北方山区的"火电"电费就比较便宜了。为了挖矿，这个年轻人成了候鸟一族。

现实中，像这个年轻人一样的"候鸟族"还有很多，他们都抱着一颗发财的决心。有一个年轻人说："我们希望自己能够像那些山西煤老板一样，通过'挖矿'赚到自己的第一桶金！"据说在宁夏、内蒙等地，有一些煤老板转型做了矿池拥有者，通过矿池又赚得了人生第二桶金。

挖矿确实很疯狂，但是国家出台了"禁令"，严格控制国内的数字货币非法交易。因此有一些矿池拥有者决定把自己的矿池迁到国外去。比如有一个叫小A的矿池拥有者，他笑着说："之前投资了那么多，花巨资引进的矿机还没怎么使用呢！为了止损，我们也要想办法把'矿池'挪到海外去。至于去哪里，俄罗斯可能是一个比较好的落脚点！"许多大型矿池的老板选择俄罗斯，也是出于租金便宜、电费低廉的因素，因为挖矿的主要开支有三项：矿机、场地租金、电费。矿机是现成的，找一个租金便宜且拥有低廉电费的地方就可以满足矿池拥有者的相关需求。

如今，比特币身价再创新高，而以太币、莱特币等其他数字货币也一路高涨。在市场的刺激下，或许有更多的人投资"矿池"，并成为一名"矿池拥有者"。

3. 比特币的"操盘手"

　　最近十分流行一个词：老韭菜！老韭菜，是对比"新韭菜"而产生的。当然这里的"韭菜"并不是指一种蔬菜，而是那些散户们对自己的嘲讽。最近坊间有这么一个顺口溜："我是一根老韭菜，割完丢掉没人爱。今年割我割得爽，明年又割新韭菜。割完一茬又一茬，我是韭菜真无奈！"一根"老韭菜"道出自己的无助，被投资市场"割了韭菜"似乎也是很正常的事情。因此有人说："资本市场本就不是'老韭菜们'的靶场！"

　　"日落西山红霞飞，战士打靶把营归！"曾几何时，"老韭菜"还是

"新韭菜"的时候，都满怀信心，认为自己一定会成为人生的赢家。他们预感着："比特币一定会让我们身价倍增！"于是，"新韭菜"杀入币圈，成为币圈里的新生力量。但是"韭菜"的命运是什么呢？韭菜终究是韭菜，韭菜长不出苞谷穗子！韭菜的命运就是"被割"！"割"这个词非常生动，似乎有一种被动且悲凉的感觉。"韭菜们"在操盘手的操控的"局"里，只有等待被收割的瞬间。为什么韭菜割了一茬又一茬，还有那么多的人冲进来呢？前面我们讲到欲望，欲望本不是"恶"，但是当这种欲望变得失去控制时，就会让人失去客观、理智的判断能力。有人用"预感"一词来形容，总觉得此时"杀"进去就会发财，似乎冥冥中有一块磁铁吸引着他们，让他们不得不做"新韭菜"！

"韭菜们"的命运是悲惨的，他们的这种悲惨人生并不完全是自己书写的，还有一部分人助推了他们的"噩梦"，这群人就是操盘手。什么是操盘手呢？操盘手就是为大户操作资本的人。这一类人往往精通交易技术，在自己的领域内有着深厚的操盘功力，不仅能够良好地掌握平仓出仓的时机，而且能够熟练运作抛码技艺。操盘手是大户们的"头脑"，是为大户服务的。大户又是赚谁的钱呢？举个例子：有一个天然水域，许多人都在这个水域内放养鱼苗。富人放得多，穷人放得少。但是他们放养鱼苗的目的只有一个：拉网收获渔获。一年之后，鱼苗长成大鱼，到了收网的时间。通常来讲，富人会率先撒网。富人的网非常大，几乎可以将所有的鱼一网打尽。富人打过一遍，穷人才拿着小鱼网下水捕捞为数不多的几条……最后，富人赚了一大笔；穷人不但没有赚到钱，甚至连"鱼苗"钱也赔了个精光。说到底，穷人只是一个陪太子读书的角色。穷人的"韭菜"被割了，割掉穷人"韭菜"的正是那些富人。从某个角度来讲，操盘手通过割散户的"韭菜"为大户赚钱。

股市有股市操盘手，期货有期货操盘手，币圈也有自己的操盘手。前面我们讲，世界上97%的比特币掌握在4%的大户手里。这也就是说，4%的人完全可以掌控着比特币的币值走向。他们具有一种隐性的掌控权力，这种权力非常大，完全可以用"翻手是云，覆手是雨"来形容。他们藏在幕后，而幕前的操作者就是这些操盘手。由于比特币交易市场是一个缺乏规矩的市场，被各种"局"控制也就在所难免了。Block Tower Capital的联合创始人阿里·保罗（AriPaul）认为："就像在任何资产类别中一样，大型个人持有人和大型机构持有人可以串通操纵价格。在加密货币中，这种操纵行为是极端的，因为这一市场还很年轻，并且这种资产具有极强的投机性质。"

比特币市场恰恰就是这样一个不成熟的、极具投机性质的市场，在这样的市场中，能够起到决定性作用的是"资本"。只要某个大户手上有足够的资本，就可以改变比特币市场的走势。倘若某个大户的资本尚不足改变市场的走向，许多大户就有可能联合或者抱团，合力成为一个具备改变市场走向的超级大户。比特币操盘手为大户们出谋划策，并且以"重拳"出击比特币市场。举个例子，2017年年底，有一个大户将价值1.59亿美元的比特币投放到了交易平台，并引起了轩然大波。一下子出售这么多的比特币，势必会引起市场的巨大震动。在此种情况下，比特币操盘手的机会就来了。他们或许会连成一片，集中优势买下大量的比特币，将交易价格提上去。而此时，散户们便会在后面"跟仓"。殊不知，当价格被推高到一定的程度，操盘手们就会选择出手，而比特币价格也会随之而暴跌。那些后面跟进的小散户就会因此躺枪，自己好不容易种的"韭菜"就轻而易举地被庄家收走了。

还有许多操盘手本身就是投资者。因为比特币的特殊性，许多早期从事比特币交易的人，已经积累了相当丰富的操作经验。他们具备非常强的操盘能力，甚至还拥有相当广泛的人脉关系，可以轻而易举地联合"炒币"。比特币依旧是庄家的世界，并不是小散户的世界。

4. 比特币的"设备供应商"

比特币创造了许多奇迹，人们喜欢比特币，也是因为它具备"造梦"的元素。一个80后比特币粉丝，曾经是一个"失败者"，没有女朋友也没有钱，更没有可爱的小公主……比特币出现后，他成了炒币家族的一员。因为炒币炒得早，他很早就成了千万富翁，拥有三套住宅、两辆豪华轿车。他感慨道："如果不是比特币，想必我还在苦苦地面对残酷的生活。"

几家欢喜几家愁，币圈里什么可能的事情都有可能发生。另外一个70后，他曾经是某外企高管，年收入已经达到了七位数。在朋友的怂恿下，他也进了币圈。但是此人的运气差，并未赶上"比特币"的牛市。当他带着七位数的资金杀入比特币市场，第二天便赔掉了一半。这种"打折"赔钱的事儿，在币圈实在不算新闻，炒币甚至比赌翡翠原石更加令人刺激。不过话又说回来，比特币的到来带来了一个"产业"，这个产业非常大，并非只有炒币这一股行业，比如还有矿工、矿主、矿机设备供应商等。其中的矿机设备不得不老调重弹一番。有人说："比特币矿机行业属于电子行业，与比特币无关。"但是我们还要反问一句："如果没有比特币，还能有比特币矿机吗？"

首先，讲一个"中间商"的故事。

在我国南方，有一个年轻人。这个年轻人大学毕业后一直从事电脑组装、维修的工作，并在科技市场租下一个摊位。在科技市场，还有几十个像这个年轻人一样的从业者，他们经营的产品大同小异，似乎没有什么区别。因此，他们之间形成了一种竞争关系。为了"拉客"，简直使出了浑身解数。恶性竞争带来的结果就是"大家都不赚钱"，甚至有几个商户在竞争中倒闭，其他商户也谈不上好。年轻人的生意也受此影响，几乎连房租都赚不出来。不过这个年轻人还是从一些微弱的商业信息中抽丝剥茧般地找到了一些商机，这个商机就是"比特币矿机"！

在此之前，有一个比特币老饕来过科技市场，想要购买几台比特币矿机。但是这个人转了一圈科技市场，竟然没有一家售卖矿机的商户。年轻人看到了商机，便开始考虑做比特币矿机的生意。后来他找到了几个比特币矿机的生产厂家，并拿下代理权。为了售卖矿机，他甚至也成了一个炒币族。他炒币的目的，主要是为了接触相关人群，并将机器售卖给他们。功夫不怕有心人！这个年轻人成功了，他成为该地区甚至整个南方地区都非常有名的矿机销售商，并从中赚了不少钱。但是这个年轻人对炒币并不感兴趣，他认为："数字货币存在着相当大的不可控性，它似乎更适合投机分子，并不适合我们这些做实体的普通商人。"

其次，再讲一个"生产商"的故事。

中国人参与比特币挖矿的人数非常多，世界前五名的"矿场"就有四家在中国。甚至有消息表明，70%的比特币被中国人所掌控。不管此消息是真是假，中国从事比特币矿机生产的企业却有不少，比较出名的比特币矿机生产商有比特四通、比特大陆、嘉楠耘智信息科技有限公司、亿邦科技、比特泉公司等。这些比特币矿机生产商都赚了大钱，设计生产比特币矿机似乎是一个不错的产业。当然，比特币矿机并非只能采挖比特币，也可以挖掘其他的数字货币，比如莱特币、以太币等。

在这些比特币矿机生产商中，我们又不得不提"烤猫"这个人。烤猫在币圈是一个传奇人物，此人号称中国币圈第一人，一度拥有17630枚比特币。如果换算一下身价，他已经是亿万富豪俱乐部的成员。2012年2月，烤猫用一个名为"friedcat"的昵称在比特币官网论坛上发表了一条"说说"，宣布自己生产出了比特币矿机。但是烤猫只是一个"初创者"，他并没有钱去组织投入量产，于是他通过众筹获得了资金，并因此成立了深圳比特泉信息科技有限公司。烤猫持股59%，其他股东、员工持股41%。该公司生产的"烤猫矿机"价格便宜，性价比高，非常受矿工们的欢迎。因为矿机需求量非常大，烤猫短短三个月的时间就赚了两个亿，可谓出尽了风头。但是老天爷总喜欢开玩笑！后来烤猫的矿场出了问题，甚至还因为一场"错误"的商业合作而赔了数千万元。后来，烤猫突然之间消失了，他的消失也成了币圈的谜案。

如今，比特币矿机行业似乎遭遇了严冬。许多比特币矿机生产商纷纷转型，或者用一种"蛰伏"的方式等待比特币的春天。不管怎样，比特币带来了一个产业，这个产业能否持续下去，有待于继续观察。

第八章

比特币的
各类投资

1. 比特币基金

比特币问世九年，已经从少不更事的青春少年蜕变成一个功力了得的江湖中人了。换句话说，比特币比以前成熟多了。这种成熟表现在三个方面：第一个方面，比特币的技术以及交易平台技术越来越成熟，漏洞越来越少，运行的系统似乎也越来越稳定；第二个方面，比特币受关注的程度越来越高，现如今拥有粉丝数以万计，似乎并不用担心比特币的"归宿"问题；第三个方面，比特币已经具有想当的规模，想要打倒它、毁灭它，早就不是一件容易的事情了。因此，比特币似乎还有更加伟大的理想和雄伟的目标，比如申请比特币基金。

早在几年前，一个名为Winklevoss的资产公司便有这一类计划，它向美国证券交易委员会提交了相关申请，并且希望能够在BATS交易平台上进行交易。对于这样一个新鲜事物，美国证券交易委员会做出了最谨慎的选择：拒绝！美国证券交易委员会认为，比特币是一种去中心化的、不受政府监管的数字货币，对于这一类货币，他们持一种"担忧"的态度。当然，拒绝的态度似乎比较温和，比特币基金的未来仍旧有戏。对于这一决定，Winklevoss公司的财务总监给出了正面答复："我们在四年前就开始了比特币ETF（交易型开放式指数基金）的上市申请，但我们也同意SEC（美国证券交易委员会）做出的监管决定，市场的健康发展和投资者的安全都很重要。"

业内人士都知道，Winklevoss公司的当家人是温克莱沃斯兄弟，这两兄弟是是世界上最为有名的比特币信徒，在前面的章节中，我们略有提及。该兄弟曾经对外宣传，他们拥有了全世界1%的比特币，甚至连大名鼎鼎的脸书创始人扎克伯格也曾是温克莱沃斯兄弟的小跟班。后来，温克莱沃斯兄弟还起诉了扎克伯格的脸书盗窃了他们公司的"点子"，并通过法律诉讼获得了2000万美金的赔偿和脸书的股票赔偿。温克莱沃斯兄弟没有成功，但是并不代表着申请比特币基金毫无意义。

业内专家认为，推出比特币基金有两大好处。第一，比特币基金上市后，有利于比特币的币值趋于稳定，而不会像原来那样"跳水"不断。第二，比特币基金上市之后，可以逐渐规范比特币交易市场，让比特币交易更加正规。还有一些人认为："比特币基金对比特币有正面的促进和引导作用，它不仅可以抑制泡沫，而且可以降低投资者的投资风险。"但是由于比特币基金的投资风险依旧大于普通产品的基金投资风险，"投票决议"也就只能延后了。

美国Winklevoss公司的请求虽然没有通过，但是这并不代表着比特币的世界末日。在加拿大，一家名为First Block Capital的投资公司也进行了与"比特币基金"相关的申请。该公司的创始人肖恩·克拉克认为："加拿大比特币信托是一个开放式的互惠信托基金，投资者能够就比特币的价格进行投资，同时还不必担心购买及存储比特币带来的麻烦，这对投资者来说一直都是一个挑战。投资者可以通过融资平台Frontfundr获取该基金。"幸运的是，这家加拿大的投资公司申请的比特币基金得到了不列颠哥伦比亚证券委员会的批准。

比特币作为一种"互联网商品"，极具流通性和投资性，在许多人的心目中，比特币并没有那么不堪。而另外一家名为Grayscale的发行商在美国OTC(场外交易)市场上发行了一支私募比特币基金，这支比特币基金简称GBTC。这支私募基金上市之后，表现得非常强劲。据说该比特币基金在上市之后，一直处于高溢价状态。而近期，GBTC基金已经上涨了五倍，并且依旧有很大的上涨空间。从某种角度看，比特币基金的这种疯狂完全是疯狂的比特币所触发的。

对于GBTC基金的评价，温克莱沃斯兄弟似乎有一种负面的评价。当然，这似乎也出于一种嫉妒的心理。但是仔细想一下，温克莱沃斯兄弟的建议似乎又非常中肯，他们认为，真正意义的"上市"，还得要经过美国证券交易委员会的同意！换句话说，美国证券交易委员会才是法定权威组织，只有得到法定权威组织的认可，该比特币基金才真正走上了仕途。

不管如何，比特币基金逐渐获得了认可。过去几年，比特币虽然非常火爆，但是"草根"或者"私生子"的标签却一直没有被撕掉。有一位资深的比特币投资者说："如果比特币不能被法定组织所认可，它将无法荣登'大雅之堂'，并证明自己的价值！"如今，GBTC基金已经成功上市，这也意味着比特币作为一种投资工具开始被"主流"所接受。而这"成功"的一步，似乎是之前努力的无数步所换来的！

2. 比特币交易所

现如今，比特币交易几乎完全依赖于比特币交易所而进行。比特币交易所虽然是一个中心化的交易所，但是它能够提供更加便利的、高效的比特币交易服务。如果单纯依赖比特币现有的交易技术网络，就无法满足当下的比特币交易需求。有人说："比特币交易所并不安全，常常闹出乌龙事件，而且还存在'监守自盗'的可能！"但是话又说回来，除了比特币交易所之外，还有什么样的平台可以满足这种急增的比特币交易需求呢？如果把比特币自有的交易网络比喻成一条交易的"羊肠小道"，而比特币交易所则提供了一条交易的"高速公路"！如何完善比特币交易所的现有技术，提升比特币交易所的管理人员的职业道德修养，是提升比特币交易质量的关键所在。

前面我们说，比特币带来了一大块"奶油蛋糕"，这块蛋糕又大又好吃，有些人通过炒币走上了一条康庄大道，有些人通过挖矿获得了人生第一桶金，有的人则是矿机的提供者，当然也有人希望通过开办比特币交易所来赚取相关的服务费和交易费等。三百六十行，行行出状元。任何行业都有其代表人物。虽然一个人或者一个公司难以开办属于自己的股票交易所，但是则完全可以借助一定的技术优势和资金优势开办一家属于自己的比特币交易所。在这里，我们不得不提著名企业家卡梅伦与温克莱沃斯兄弟共同开办的比特币交易所——Gemini！Gemini译为双子星。

业界，很多人都看好"双子星"。有人这样评价"双子星"："'双子星'在技术方面一定是过硬的，温克莱沃斯兄弟本身就是顶级技术宅。加上卡梅伦的资金，似乎是一个天衣无缝的合作。个人认为，'双子星'有可能成为比特币界的纳斯达克。"还有一位币圈老饕感慨："它是一个'千呼万唤始出来'的东西，人们早就盼望已久了。比特币需要一个安全的、合规的、中心化的交易所。在我看来，去中心化并没有给人们带来多大的好处！"

温克莱沃斯兄弟开办比特币交易所的主要目的就是为了赚钱。"赚钱"并不是一件罪恶的事，只要是"君子爱财，取之有道"就好。当然，开办比特币交易所是一门正当生意，只要合法经营、不玩猫腻，防止交易所被黑客盗取，通常就不会破产。"双子星"上线之后，采取了这样一套方法：凡是存入或者提现，"双子星"将提供免费服务；凡是"卖方——买方"之间的交易，"双子星"将收取2.5%的交易服务费。如此看来，"双子星"的收费非常合理，并且还能够提供一些免费服务。

　　"双子星"只是比特币交易市场中非常耀眼的一颗星，许多人看到比特币交易所的大好市场前景，也纷纷踏入这个行业。温克莱沃斯认为："我们看到了很多的需求，现在人们也知道了我们是一个实体，有很多个体和机构在等着注册呢，我认为市场还是有需求的。我们正在努力建立一个企业，我们希望的客户是优质的那种，而不是为了折扣，你的付出和得到的回报是成正比的。"因此，温克莱沃斯非常重视比特币交易所的人性化设计，无论是交易界面，还是交易功能上，都要有所体现。当然，温克莱沃斯还提到了一种可能性，即比特币交易所未来还会吸纳其他数字货币的可能性，他认为："我们是一家数字资产交易所，只是当前我们正好只做了比特币交易，但我们拥有吸收其他数字资产的能力。会有一些数字资产，它们能够做比特币不愿去做，或者无法去做的事情。未来，我们完全可能会添加更多的交易资产。但是具体是哪些资产，还有待观察。"

　　"双子星"已经是非常有知名度的比特币交易所了，自然会吸引众人的目光。现实中，还有许许多多的比特币交易所。有的规模大，有的规模小。但是投资一家比特币交易所并不是一件容易的事，它需要三大条件：第一，比特币交易所是一个'交易所'，与金钱打交道，那么它也就需要足够多的金钱作为"信用资本"来提供相关的物质保证，如果没有足够多的金钱作为保证，就无法为广大的数字资产的交易者提供安全需求。第二，比特币交易所是一个虚拟的交易所，它并不是由钢筋混凝土所搭建的。或者说，它需要一支厉害的技术团队为交易所提供持续的升级和维护。众所周知，比特币交易所闹出了无数个"乌龙"事件，这些"乌龙"事件都是致命的。如果没有一支技术过硬的团队，恐怕难以保证比特币交易所不闹乌龙。第三，比特币交易所同样需要一个拥有较强的比特币技术功底而管理功底的经理人，让比特币交易所的经营合法化、正规化、科学化，才能保证比特币交易所的市场竞争力。

如今，投资比特币交易所的人有不少，比特币交易所的前景似乎也非常不错。但是投资任何的项目都要考虑市场风险、政策风险等各类风险因素，做好各项准备，再进行下一步的工作。

3. 比特币矿场投资

在比特币的世界里，挖矿似乎是非常开心的一件事，但是竟然让作者联想到一首悲伤的诗，即著名诗人保罗·策兰所写的《死亡赋格》，当然"诗"的内容并不重要，重要的是挖矿本身存在着不少风险，可能会给矿工们带来酸甜苦辣咸五种人生味道。对于一名痴迷于挖矿的人而言，实践并体验似乎更加重要。矿工，最早让我们想到的是开采煤矿。比如山西，煤炭资源丰富的地区，人们通过开采煤矿走上了小康之路。煤炭是一种不可再生的资源，如果按照现在的产量挖下去，大概100年之内就会被挖光。因此，人们开始呼唤新能源，希望新能源能够取代煤炭、石油资源而继续承担起相应的使命。

开采资源是一种"生意"，开采煤炭的目的是为了赚钱，开采石油、天然气等，也都是如此。与其他法定货币不同的是，比特币更像是一种"资源"性的东西！有人说："比特币是一种虚拟的数字资源，这种资源与现实中的资源有所不同。"很容易理解，比特币只是一种虚拟的能源，它来源于互联网，是看不见摸不着的。这种虚拟资源似乎并不被人看好。有这样一个言论："很难从现实中为它找一个价值衡量物，比如黄金的衡量物可能是白银等，比特币似乎缺少一种价值衡量物。"言外之意，比特币只是人为炒作的东西而已，它本身并不具备价值。但是细想一下，任何东西不都是人类赋予其价值的吗？黄金、白银的价值都是人类所赋予的，这似乎与比特币并无区别。如今比特币值钱了，而且它只有2100万枚，不可再生！冥冥中，比特币就变成了一种不可再生的数字资源。于是许多人投身比特币的"挖矿"行业，希望通过"挖矿"赚钱！

众所周知，比特币是靠算力得到的。随着比特币资源的逐渐枯竭，挖掘比特币对算力的要求就会更高。那些规模比较小的"采矿点"似乎就没有什么优势了，因而会被大矿场吞并或者被市场所淘汰。也有一个小矿场的矿主转型挖掘其他山寨币，山寨币对算力的要求相对较小。国内有一个矿主认为："挖矿是一个非常耗资的工作，是完全用'钱'砸出来的。老板们越有钱，就越具备挖矿的实力。倘若你没有钱，就不要选择挖矿这个行业了。"于是，国内许多"矿工"选择一种抱团挖矿的方式，比如十几个人或者几十个人共同投资一个矿场，然后采取"分股"的方式进行收益分配。如何才能开一个比特币矿场呢？通常而言，要做好三项准备工作。

资金准备工作。挖比特币需要投入，投入资金可能会很大。比如购置一台矿机至少需要几千人民币，一个普通矿场也至少需要20台以上的矿机，大型矿场则需要更多的矿机，少则几百台，多则几千台、上万台。如果投资一个拥有一千台矿机的中型矿场，仅矿机的投入就需要几百万元。另外，矿机的运转需要消耗电力。国内许多矿主为了挖矿做"候鸟族"，就是为了寻找便宜一点的电。由此可见，运行一个比特币矿场需要消耗大量的电。有人说："比特币矿场的用电量并不比一家煤矿矿场的用电量少！"俗话说："一分钱难倒英雄汉！"如果没有钱，也就无法建设比特币矿场。

技术准备工作。挖矿技术虽然很简单，只要让矿机运行"挖矿"程序就可以启动比特币的挖掘工作，但是矿机的维护需要一定的技术，挖矿本身似乎也需要相当丰富的挖矿经验。有人说："有经验的挖矿与无经验的挖矿取得的效果是大相径庭的！"纵观世界，知名的比特币矿场或者产出比较高的比特币矿场，都是币圈内的技术大宅所掌控的矿场，他们能够利用自己的经验调整挖矿。如果没有经验，恐怕难以达到既定的挖矿目标。

人力准备工作。就像开一家"煤矿"那样，一个老板需要招纳矿工、煤矿辅助人员等，一个煤矿就是一个企业。比特币矿场与"煤矿"有相似之处，一个大型的比特币矿场同样需要大量员工，比如矿机维护人员、财务人员、营销人员等。某大型比特币矿场的拥有者认为："矿场就是一个企业，必须按照企业的管理模式进行运作。人作为一个企业的'骨干'，招募业内优秀的人才是非常重要的一件事！"

除了人力、物力、财力、技术力之外，投资比特币矿场仍旧需要进行相关的市场分析、利润分析、风险分析等工作。大量的失败案例告诉我们，跟风投资是一个非常不理智的行为。最后还是那句话："生意有风险，投资需谨慎！"

4. 比特币挖矿矿机投资

最近流行一句话："挖矿的不如卖挖矿机的！"说起来也是十分有趣，许多挖矿的人似乎都赞同这句话。就像那些挖煤矿的人总认为"煤炭"的利润薄，一列火车的"煤炭"也赚了不十万块钱。但是矿山机械设备则不同，卖掉一台设备就可以赚几万块钱。因此，有些开矿的人转型做矿山机械设备，摇身一变成了卖矿机的，并从中大赚了一笔。

深圳，中国改革的前沿阵地。深圳，同样也是一个玩币比较集中的地方，许多年轻人都玩币。有一个叫"木木"的网友说："只要是互联网上的东西，大概都会有人玩！比特币、莱特币、以太币都属于这类东西。深圳人爱玩这些东西，有些人还通过'玩'赚了钱！"对于这种"玩家"来说，赚钱可能是次要的，体验过程似乎更加重要。还有一些人则是抱着"发财"的目的。前面我们讲过很多故事了，许多人都因为比特币走上了康庄大道。比如比特大陆，通过生产销售比特币矿机狂赚了几十亿美元。也有一些代理商通过"中间商赚差价"的方式赚得一笔可观的收入。

币族们虽然以"炒币"为生，但是许多币族也热衷于挖币，甚至会产生一种当矿工的荣誉感。虽然我国关闭了所有的比特币交易窗口，但还是有许多人有当矿工、矿主的想法。比特币挖矿机不仅可以挖比特币，也可以挖莱特币、以太币等若干种数字货币，甚至可以说："矿机在手，挖遍所有！"人们有挖矿的需求，比特币挖矿机就有市场。

中国在比特币矿机领域里可谓世界一流，世界前三的比特币矿机生产商都是中国的公司，即比特大陆、嘉楠耘智和亿邦科技。这三家公司也向全世界展示了中国制造的形象，并体现了中国在数字资产领域内的突出地位。越来越多的人开始关注数字货币、数字资产、区块链，并且热衷于谈论与之相关的一切话题。在深圳华强北，许多买电脑的商家也买比特币矿机。只要你购买他们的矿机，他们便会告诉你挖矿的秘籍。许多卖矿机的商家一边卖着电脑和矿机，一边用矿机挖着数字货币……看上去似乎两不耽误！如今，矿机品牌非常多，就像电脑品牌一样。有的矿机品牌做性价比，有的矿机品牌专做高端。琳琅满目的矿机完全能够满足各种矿工的需求。如此看来，经营矿机也是一门不错的生意。

小A是深圳华强北的一个电脑铺位的经营者，他做品牌电脑生意有七年之久了。自从有了比特币之后，便有人问小A："比特币这么火，你不打算玩一下吗？"小A对比特币并不感兴趣，但是却开始默默关注挖掘比特币的工具——比特币矿机！后来，小A的一位朋友找到他，并让他联系相关厂家，能够订几台比特币矿机。小A答应了朋友的请求，便开始联系上游厂家。小A把几个厂家的几款比特币挖矿机的价格报给了朋友，朋友最后选择了比特大陆的产品。小A卖掉5台矿机，赚了一笔小钱。小A发现，比特币矿机的市场需求呈现出上升趋势，于是他便杀入了比特币矿机行业。

小A主要经营比特大陆的产品，一次订十台矿机。这样的订购数量，才能够拿到"代理权"。当然，这样的"代理"级别不会很高，但是依旧有利可图。小A的摊位上摆着两台比特币矿机样机，另外的八台矿机放在仓库里。如果某人要买，便可以直接从仓库"出库"。小A非常会做生意，在华强北也有不错的人脉。他说："我的主要业务还是电脑，比特币矿机只是捎带着售卖，赚一点零花钱而已！"但是从小A的脸上，我们能够读出一些信息，他非常满意比特币矿机给他带来的收益，而且他也有长期经营这类商品的打算。

半年之后，某报社记者再次来到华强北时，经营比特币矿机的商家已经非常多了，并不只有小A一家在经营。各种各样的比特币挖矿机的广告海报充斥着人们的眼球，想必已经形成了一个规模化、竞争化的商业市场！

与电脑的稳定价格相比，比特币挖矿机的价格存在着非常大的波动性。有一位经营比特币矿机的商家说："比特币矿机的价格几乎是一天一个价，它的价格波动与比特币的币值波动有关。比如说，近期比特币币值上涨，比特币矿机的价格也会上调；近期比特币币值下降，比特币矿机的价格也会下调。"这仅仅是一种厂家行为而已，但是对于代理商而言，能够拿到价格较低的矿机才能有一笔很好的收入。如果逢高"吃"进来，恐怕就会赔钱。因此，经营比特币矿机也存在着巨大的风险。这个商家给出的建议是："少量囤货，甚至不囤货，有多少订单就订多少货！"

如今，许多商家又开始玩起了"炒矿机"的把戏，他们把"矿机"当成比特币一样的投机工具。虽然矿机的需求依然很大，但是想要通过生产或售卖矿机赚钱，还是要谨慎一点。

5. 比特币挖矿芯片投资

如今，比特币已经成为一种流行符号，它已经开始影响到人们的生活。比如它的"去中心化""去信任""可追溯""匿名性"等特点似乎逐渐转化成一种思想意识并影响到人们的日常生活。比特币还是一种数字资产，它似乎给未来的资产形式进行了重估与定义。那些批判"比特币毫无价值和意义"的言论似乎经不住推敲而被事实所反驳。事实上，一个事物的出现是"酝酿"已久的事，只要出现了就会有其意义。比特币火了，火得一塌糊涂。在短短九年时间里，比特币的市值翻了几百万倍。如今，比特币的市值已经超过了高盛、迪士尼、通用电气等公司。比特币变得越来越值钱，人们用挖矿的方式去"寻找"它、"渴求"它也是很自然的一件事。

挖矿的人，只有借助比特币矿机才能进行挖矿。比特币矿机是一种电子设备，看上去它有点像电脑，它为挖矿提供必不可少的"算力"！也就是说，没有比特币矿机，我们已经不太可能再挖到比特币了。比特币矿机已经发展了好多代，整体性能也越来越好。以比特大陆的比特币矿机为例，蚂蚁S1矿机已经无法与蚂蚁S9矿机同日而语。事实上，蚂蚁S1矿机与蚂蚁S9矿机的最大区别在于挖矿芯片的不同。举个例子：手机是人们的必需品，一款运行速度快、性能稳定的手机是人们的首选。似乎价格越高的手机，相应的配置也会高一些。但是细心的人都会发现，手机的贵与贱主要由使用芯片的不同所决定。通常来讲，四核芯片手机比双核芯片手机运行速度更快，性能也会更加稳定。除了手机之外，电脑、平板电脑亦是如此，所谓的"高配置"主要体现在芯片方面。也就是说，芯片等同于比特币矿机的"心脏"，"心脏"越好，比特币矿机也就越贵。因此，投资比特币矿机芯片十分有市场前景！

比特币矿机使用的芯片，主要是ASIC芯片，当今世界上生产该芯片的企业有很多。最有代表性的企业是中国的比特大陆，这家矿机企业每年销售十万台比特币蚂蚁矿机，其中蚂蚁矿机S9已经成为当下最好的比特币矿机之一。蚂蚁S9矿机使用了一款名为16nm的BM1387芯片，该芯片是比特大陆公司自主研发的芯片。拥有了好"心脏"，蚂蚁S9矿机的整体性能遥遥领先于其他品牌的比特币矿机产品。

除了比特大陆外，还有一家矿机芯片生产商不得不提，它就是俄罗斯的BitFury公司。这家公司并不生产比特币矿机，主要以研发生产ASIC芯片为主。近两年，BitFury公司开始逐渐转向区块链数据相关的服务，似乎想要在区块链功能与应用方面多做点文章。

中国的另外一家比特币矿机厂家——嘉楠耘智，同样也研发生产比特币矿机芯片。嘉楠耘智的超算芯片已经覆盖了全球30%的专业领域的相关设备，该公司的比特币矿机阿瓦隆Avalon Miner741同样是业内的明星产品。

亿邦科技同样来自中国，这家企业的比特币矿机同样闻名于世。这家公司原本是以数据通信、光纤传输为主的企业。随着比特币的"春风"吹遍世界，这家公司也开始致力于比特币矿机和比特币矿机芯片的研发和生产工作。有人说："借着比特币的春风，经营与比特币相关的生意就可以大赚一笔！"一款名为WD1227的挖矿芯片就是亿邦科技公司自主研发的产品，这款挖矿芯片装配到翼比特E9矿机上，使得该矿机的算力较之前的版本有了非常大的提升。

上述公司几乎都是因"比特币"而出现的新型公司，其生产的挖矿芯片似乎更具有专业水平。随着数字货币"挖矿"行业的深入，许多老牌芯片厂也纷纷加入到挖矿芯片的生产研发行业。有人说："未来的比特币芯片市场，是一个极具竞争的市场。'大鱼吃小鱼、小鱼吃虾米'将成为常态！"大名鼎鼎的芯片制造商台积电已经杀入挖矿芯片的制造行业，2017年台积电的矿机芯片销售额占到整个公司的销售总额的5%。与此同时，另外一个世界级芯片制造商三星公司则与俄罗斯比特币矿业公司达成协议，为其供应14nm的ASIC芯片。

不过我们能够感受到，未来的矿机芯片制造业将会充满着残酷的竞争味道。越来越多的科技大鳄会加入进来"搅局"，并打破原本的芯片市场格局。对于一个普通人而言，投资比特币挖矿芯片是不太可能的；而对于那些致力于芯片研发的大公司而言，才有资本和能力去"握紧拳头"尝试一下。

6. 比特币短线投资

现如今，比特币已经是一种投资利器了，它与股票、期货有着相似之处。但是与股票、期货相比，比特币却更加疯狂。它的市值可以在一天之内跌涨30%以上，甚至还要多。我们用"玩的就是心跳"来形容一点也不为过。前面我们讲了一个笑话，炒比特币要随身携带速效救心丸，以防心脏出现问题。有人说："作者，您就不要搞笑了！炒比特币要随身携带速效救心丸，至于吗？"现实中，那些炒币的大爷大妈们确实是这么做的。

投资比特币，有的人喜欢长线持有，有的人喜欢玩短线。众所周知，玩长线似乎更加稳妥，似乎有一种"玩战略"的意味。炒短线，简直就是刀尖上的舞蹈，稍有不慎就会赔个底儿朝天。什么人爱玩短线呢？通常来讲，小散户爱玩短线。这些人抱着一种"刮彩票"的态度，喜欢众志成城赌上一把，也就是人们常说的"一局定输赢"！币圈有一个人这么说："炒短线就是看运气。比特币与股票不太一样，炒股票需要一种感知能力，炒比特币似乎就不需要了。在我看来，炒比特币短线的人，都是赌徒。"现实中，有人赌赢了吗？

前几年，深圳有一个叫阿辉的人，这个人曾经是炒股票的一把好手。据说，他深圳的两套房产就是炒股票赚来的。言外之意，阿辉算是炒股牛人，通过炒股赚下百万家产。比特币出现后，许多人开始炒币。当然，炒币这种事与炒股十分相似，低价买高价抛，赚个中间差而已。阿辉有一个朋友，通过炒币赚了钱，便拉阿辉进了币圈。

起初，阿辉对比特币并不感冒。他说："股市有股市的规矩，而且股市有两条线，既可以涨停板，又可以跌停板，炒股风险是可控的。假如你选择炒短线，赔钱、赚钱会限定在相应的范围内！但是比特币不同，不受监管，没有规矩，一夜之间跌至'0'都是有可能的，风险不受控制。"但是，阿辉是一个敢于尝试的人。他少量尝试炒币，只玩短线不做长线。因为其炒币心态非常好，一年下来不但没有赔钱，反而赚了不少。

后来，阿辉似乎找到了一些规律，他认为："比特币的跌涨，完全看庄家的走向。如果庄家杀了进来，就马上进仓或者加仓！"当然，他并不能把这种"规律"性的东西转化为成功经验，而是警告广大币友："炒短线一定要抱着一种'小富即安'的心理，赚一点是一点！如果我们太过'贪心'，总希望在里面待久一点，恐怕就会赔钱！"如果总结一下阿辉的炒短线的经验，就是：跟着庄家（大户）走，不贪心，少赚即赢。

比特币市场存在着许多不确定性，这种不确定性是庄家参与的结果。什么是庄家呢？就是做庄的大户。在比特币的世界里，世界上97%的比特币掌握在4%的人的手里。这听上去简直有些匪夷所思！或许是某个记者错误统计了数据，但是少数人控制着绝大多数的比特币是不争的事实。去年年底，比特币将疯狂发挥到了极致……它一度突破了2万美元的大关！当人们还在疯狂庆祝的时候，比特币性情大变，24小时内狂跌7000美元，当日震荡超过了36%。这种断崖式的大跳水，让许多人叫苦不堪。

蒸发掉的钱去了哪里呢？事实上，钱早已经被做局的庄家套走了。因此有人跳出来指责庄家："简直在玩'空手套白狼'的把戏！"换句话说，炒币背后藏着一个大阴谋！著名经济专家李虹认为："比特币前期涨幅过大过猛，回调属于正常现象。而比特币期货于2017年12月10日推出之后，比特币仍然维持上涨趋势，且涨幅较高，不排除对比特币等持唱空方向人群做空比特币的可能。"既然如此，是不是意味着炒短线完全没有"前途"了？

阿辉分享了一个自己所谓的"成功经验"，他说："炒短线，一定要设置输赢点。我设置的输赢点为10%，即涨10%抛售，跌10%抛售。这么做的目的，就是少赚少赔。炒短线，不能贪心，贪心会误事！"在这里，他还提到"及时止损"四个字。所谓"及时止损"，就是跌幅达到10%，不管后面结果如何，都要"抛售"。如果我们不懂得"及时止损"，恐怕就会遭遇毁灭式的打击。另外，掌握"专业"经验也是非常有必要的。许多炒币的人都有短线炒股的经验。借助炒股的经验，建立一个比特币"交易模型"，借助数学、统计学的原理对比特币的走向进行细致分析，从中找到交易变化的规律和比特币的"终极走向"。

有人说："炒币是疯子的游戏，即使不是疯子，恐怕也是接近疯子的人！"如果您不是"疯子"，或者并不具备比特币震荡所带来的抗压能力，就尽量不要玩"炒短线"的游戏了！

7. 比特币长线投资

如果我们把炒短线当成一种刀尖上的舞蹈，并且需要速效救心丸配合看盘，倒不如选择一种长线投资。长线投资有一个最大的好处：不需要因短暂的或者一时的震荡而忧心。纵观比特币的历史，我们发现比特币一直呈现出上升趋势，这也是长期持有比特币的优势所在。股神巴菲特有一句名言："若你不打算持有某只股票达十年，则十分钟也不要持有；我最喜欢的持股时间是——永远！"

长线投资需要一个人拥有更多的耐心，甚至有人把长线投资比喻成"钓鱼"！我们都知道，钓鱼是一个需要耐心的活儿，那些没有耐心的人总是急着提竿、换地方，反倒钓不上一条鱼。想要钓上鱼，就需要耐心等待，如果一个小时钓不上鱼，三个小时或许就能钓到；如果三个小时钓不到鱼，总有一天也会钓到！当然，炒币与钓鱼有所不同，但是长期持有比特币比短期持有比特币似乎更具"战略"特点。举个例子：有一个比特币铁粉叫小B，他算是国内最早一批比特币的投资者。他说："就像股神巴菲特所说，只有长线持股才是最有价值的！"几年前小B就开始购买比特币，在这些年的"诱惑"下，他并未出售比特币。他坚信，比特币以后还会增值。到了2017年年初，小B认为出手的时间到了。于是他高价卖出，大赚一笔。在国内，长线持有比特币的人并不是少数。

上面的案例中，我们讲到了一个词"诱惑"。我们知道，长线持有比特币的过程中，我们会受到各种各样的心理上、感官上的挑战和诱惑，比如暴跌或者暴涨，都有可能改变一个人长线持有比特币的决心，而选择出售。"诱惑"，是一种瓦解意志力和耐心的东西。长线持有一个东西，或许是非常令人煎熬的，但是"熬过"了煎熬期，才能取得成功。有人问："如果比特币持续上涨，几近高点，难道我们也不出售吗？"当然，长线持有比特币的目的是为了获得更高的、更稳定的收益。如果比特币币值几近高点，我们还要等什么呢？

长线持有比特币比长期持有一支股票更加难熬，币圈代言人李笑来说过一句话："守币比守寡难！"通过这句话，我们能够感受到长线持有比特币的那种如坐针毡的感觉。既然想要"守住它"，投资人就要忍受各种诱惑，按部就班地按照自己预设的计划进行安排。如果出售获益率并未达到预期，那么为何还要选择出售呢？是担心后面暴跌，还是改变初心见好就收了呢？

长线投资，等同于跑一场全程马拉松，耐心、意志力、战术能力都要有所体现。如果中途放弃了，恐怕一个人只有炒短期的命！那么投资者如何才能长期、正确地投资比特币呢？

首先，投资者要设定投资计划和投资时间。比如，某投资人设定200%的利润计划，也就是5美元买进，15美元卖出。如果没有达到或实现既定计划，可以选择以下两种方式：第一种，重估投资计划，选择继续持有或者抛出；第二种，继续按照原计划进行。当然，比特币投资市场瞬息万变，任何一种可能性都会发生。对于一个投资者而言，长期并认真关注比特币市场行情是做好长线投资的必要准备。如果一个人习惯性地做"甩手掌柜"，就不适合长线持有比特币。虽然它有可能会为一个"甩手掌柜"赚到钱，更多时候它会让这个"甩手掌柜"血本无归。

其次，投资者要合理分配自己的资产，切莫押上全部身家。现实有一种"疯子"，这种"疯子"比赌徒还要厉害。虽然他们有破釜沉舟的勇气，但是这种"赌全家"的方式是万万不可取的。正确的方式是，拿出自己的一部分"闲钱"用于比特币或者其他数字货币的投资。无论赔钱、赚钱，都不会对现有的家庭生活带来影响。举个例子：广州有一个币友，他从股市中套利，然后用这一部分利购买了一定数量的比特币。这个币友说："我并不会因为炒币而轻易出售自己的股票！炒币的钱，只是股票套利出来的钱。即使比特币赔光了钱，也仅仅只是股票套利的这一部分。如果比特币赚了钱，则达到了资产分配与投资的目的！"说白了，减小投资风险才是"钱生钱"的核心所在。

长线投资不同于短线投资，长线投资似乎更像是一种投资，炒短线更像是一种投机。股神巴菲特是一个喜欢长期持有股票的人，他认为："如果我们有坚定的长期投资期望，那么短期的价格波动对我们来说就毫无意义，除非它们能够让我们有机会以更便宜的价格增加股份。"如果投资者选择了长线投资，便可以学习、研究股神巴菲特的长线投资策略。从某个角度上看，长线持有一支股票与长线持有比特币是一样的。

8. 比特币期货投资

许多投资者非常热衷投资期货，他们认为期货市场更能体现投资的意义。期货市场上，期货种类有非常多，比如贵金属、能源、矿产、农副产品等。与期货相对应的是现货，现货是一种现存的产品或物资，现货市场通常是一手交钱、一手交货的市场；期货是一种合约符号，或者是一种标的物，它代表着一种存在的、有价值的商品，听上去有点像股票。最早的期货交易发生在十九世纪中后期，是美国人最早发明的这种合约交易模式。期货交易中，有一个关键词"合约"不得不提。"合约"就像某种契约，它由相关部门约定了某种产品在特定地点、特定时间下的并具有标的物属性的合约模式，这个"合约"等同于信用凭证。在投资期货中，唯一的变量是期货产品的交易价格。简而言之，炒期货等同于炒产品的价格，产品价格类似于股票的价格。

通常来讲，期货产品是一种大宗商品或者是一种被大众所认可的商品。期货市场的游戏规则与股票市场的游戏规则有相似之处，它们都有固定的游戏规则和交易价格的上线和下线。在游戏规则的规定下，期货价格在一种合法、合规的范围内波动，凡是超过这个范围的，交易均是无效的。因此，期货市场是一个非常合法、正规的市场，适合广大投资人进行投资和资产配置。期货虽然不是现货，但是期货价格也是一种客观的现货市场的反应。如果现货市场好，期货市场也会坚挺；现货市场不好，期货市场也会因此而波动。但是相比较现货，期货市场更为敏感，并且能够体现未来市场的变化情况。如今，比特币已经成为一种期货产品，从侧面也能反映出两个因素：第一个因素，社会逐渐认可比特币，并且把比特币当成一种有价值的商品；第二个因素，比特币与其他期货产品有相通之处，作为一个投资品它完全能够体现市场的基本规律，且比特币似乎具备"长期存在而不消亡"的特点。因此，比特币成为期货中的一员是一件水到渠成的事。炒期货与炒股票的方式有点类似，投资人在期货交易市场内进行投资和交易。

比特币期货产品首先出现在美国的期货市场，即芝加哥期货交易所，简称CME。CME的主席特瑞·杜菲（Terry Duffy）认为："鉴于客户对日益发展的加密货币市场的兴趣与日俱增，我们决定推出一种比特币期货合约，作为全球最大的受监管的外江市场，CME集团便是这种新型工具的自然家园，将为投资者提供透明性，价格发现和险转移能力。"比特币能够进入CME的法眼，或多或少说明了一些问题。比特币作为一种未来货币的符号，虽然并不具备货币的属性，但是却代表着一种数字资产未来化的符号。CME似乎看到了比特币的光明前途，于是把它"邀请"到期货舞台上来。比特币被誉为比特金，它似乎像黄金一样值钱。众所周知，黄金是期货市场上的香饽饽，从1971年到2017年，黄金身价上涨了35倍。35倍，已经是相当疯狂的数字了。但是与比特币相比，黄金的身价涨幅就算不上什么了！那么投资比特币期货需要注意点什么呢？

不管是炒短线还是炒长线，首先人们都需要时刻保持冷静的头脑，把"炒期货"当成一种理性投资，而非赌博。期货市场与股票市场相似，存在着剧烈震荡的可能性，天堂与地狱只是一线之隔。除了保持清醒的头脑外，投资者还要合理分配自己的投资，切莫将所有的鸡蛋放进同一个篮子里。有一些成功的案例告诉我们，投资的首要目的是合理分配财产，最终实现"多路进财"，投资比特币期货仅仅只是其中一个方面而已。其次，比特币期货虽然成为期货大家族的一员，但是并不代表它会像传统的期货产品那样平稳，它依旧会存在剧烈的震动。也就是说，投资比特币期货产品，要时刻保持高度的紧张状态，更要眼观六路、耳听八方，并自我设定"交割线"，不要被自己的"贪婪"所迷惑。有一位资深币友说："比特币进入期货市场，等同于把比特币完全推到了市场前沿，存在着'资本大鳄'做空比特币期货市场的可能性。另外，还有大量的对冲资金瞄准了比特币，一定会给比特币期货市场带来巨大的冲击。"言外之意，比特币期货市场同样具备"火坑"的特性，倘若想要往里跳，一定要将"防火"工作做到位，才能将投资风险降到最低。

如果我们总是把"投资需谨慎"放在耳边，恐怕所有的人都不敢进行比特币期货的投资了。但是，我们又要把"投资需谨慎"放在耳边，是因为比特币期货市场仍旧充满着未知数。正面且理性地看待比特币期货投资，对投资者而言，百利而无一害！

9. 比特币矿机托管投资

比特币的诞生，为世人带来了许多有趣的产业，比如比特币投资、比特币期货、比特币矿机、比特币算力分享、比特币矿机托管等。在这些业务中，我们不得不提一下比特币矿机的托管业务。

所谓"托管"，就是委托管理。在国内，"托管"业务一直属于一种收益较为稳定、持续的业务。它没有"炒币"的疯狂，同样也不存在"矿机"的压货等问题。许多人、企业选择比特币矿机的托管业务，并从中找到了一条"发家致富"之路。

南方有一个商人，早期从事仓库、场地的租赁工作。比如将场地出租给物流公司，并从中收取租赁费；比如帮助某些企业托管仓库的看管与管理工作，从中收取委托管理费。从形式上看，比特币矿机托管业务与其他类型的托管业务有异曲同工之处。这个商人回忆："大概三年前，有一个朋友找到我。他手上有一批比特币矿机，想要找一个地方建一个'矿场'。于是，我就帮助朋友协调了一个场地，并签订租赁协议，将场地租赁给他。后来，这个朋友因为'矿场'经营不善等问题，便辞掉了不少'矿工'，甚至还低价出售了不少矿机……久而久之，'矿场'的管理就出现了问题，甚至连电费都交不起了！"

这个商人非常有商业头脑！他发现，国内已经有人做比特币矿机的托管业务了，并且能够从中赚到不少钱，他便灵机一动对朋友说："如果你没有时间打理，或者还想抽身做点别的工作，不如把比特币矿场委托给我，我帮你管理，你每月支付我一部分托管费！"商人的建议得到了朋友的同意。于是双方达成了"委托"协议，那个朋友每个月支付商人一定比例的托管金。

在这里需要补充一句：比特币矿机的托管业务是一种非常专业的托管业务，它并不是替"业主"看管比特币矿机，而是替"业主"继续挖矿、生产。在整个托管工作中，需要托管方解决四大难题。

第一个难题：电力。众所周知，比特币矿机在运转工作时，需要消耗大量的电力。因此，家庭居民用电是完全不可能的。比特币矿机的托管方必须能够提供稳定的、低价的工业用电，才能维持比特币矿机的运行工作。

第二个难题：恒温。比特币矿机是一种类似于电脑的机器，在运转过程中就会产生热量。举个例子：人们常常使用电脑或手机进行办公，如果长时间使用，电脑或手机就会发热。发热会导致两种严重的问题出现。第一种，发热能够降低相关电子产品的运行速度，甚至使其死机；第二种，发热能够消耗电子产品的使用寿命。用比特币矿机挖矿，需要24小时连续不断地运行。如果不能够给比特币矿机降温，就会出现上述两种严重的问题。因此，比特币矿机的托管方要解决这个难题，比如提供空调房或者恒温室让比特币矿机长时间处于恒温、散热的运行状态，既要确保比特币矿机的正常运转速度和挖币状态，又要保证比特币的正常使用寿命。

第三个难题：噪音。比特币矿机运行时会发出"蜂鸣"声，如果在小区或者家庭环境内运行，会影响到周边人的休息。因此，托管的另外一项重要工作就是做好"降噪"工作。如今，许多比特币矿机的托管方都能够提供"降噪"服务，而"恒温室"或"空调室"通常也具备"降噪"的功能。

第四个难题：维修。比特币矿机相当于一台电脑，这些机器在长时间、连续性工作过程中，难免会出现故障。托管等于保姆式的全权管理，因此也要帮助"业主"解决相关机器的技术维修难题。为了确保托管的服务质量，托管方必须拥有精通比特币矿机工作原理的维修工程师参与整个矿机运行的服务性工作。

除了上述四个难题之外，比特币矿机的托管方还要防止"道德风险"等各类风险的可能性，在这里不得不提"监守自盗"的问题。避免并控制相关的"风险"，才能够为"业主"提供更到位、更优质的托管服务。通过上述四点，我们就可以推论出投资比特币矿机托管业务所需要的条件：拥有或者租赁相关场地，解决比特币矿场的用电问题，雇佣相关的设备维护人员和管理人员，建造比特币矿机所需的"恒温室"或"空调室"。

某商人说过一句话："虽然投资比特币矿机托管并不需要太多的投入，但是寻找合作方或者'业主'才是最为关键的！如果你没有合作伙伴或者找不到合作伙伴，盲目地投资这样的项目就会面临各种困难，甚至会以投资失败而告终！"他的建议是："做好业务营销工作，有的放矢，才能把托管工作做好。"

10. 比特币算力共享

据统计，全世界已经挖出了超过总数量三分之二的比特币，没有被挖出来的比特币已经不算多了。我们可以把现在的比特币矿看成是一座"贫矿"。想要从一座"贫矿"中挖到比特币，是非常困难的。刚开始时，挖比特币完全可以用"铁锹"去挖；如今，挖比特币恐怕需要"大型挖掘机"去挖，甚至需要"集团军"规模化作战。对于那些个人矿工来说，"家庭式作坊"已经无法挖到比特币了！那该怎么办呢？总不能把作坊关掉吧。

事实上，关掉"作坊"并不是一件明智之举。一台新的比特币矿机大概要1万元以上，一台二手矿机或许只能卖2000元，直接变卖矿机绝对是一笔血亏的生意。如果保留自己的"作坊"，矿工们该如何进行经营呢？世界上并不是只有一种比特币，还有许多数字货币品种，这些数字货币都是通过"算力"挖掘出来的。矿机是提供"算力"的，通常可以挖掘比特币在内的许多种数字货币。保留"作坊"，用矿机挖其他数字货币是完全可行的。举个例子：北京有一个"矿工"，他的"作坊"在延庆一个山沟里。这个矿工早期挖比特币，后来比特币难挖，就开始挖掘其他的数字货币。这位"矿工"说过一句很经典的话："矿机在手，挖遍所有！"

许多企业家、管理学家提倡一种"发散思维"式的经营方式，让人们能够从自己的小框框中跳出来，重新审视、思考另外一种经营方式。比如，有一个焦化厂在钢铁市场萎靡不振的情况下，进行产业升级和改革，通过延伸产业链，打造有竞争力的、新型煤化工企业，从而取得了重大突破，摆脱了受制于某单一市场的困境。于是，一些"矿工"或者"矿主"突发奇想："既然挖币是靠算力换取的，我们能不能共享算力，或者出售算力来实现这种稳定的收入呢？"

有一个矿工叫小王，他有一个自己的工作室。他的工作室拥有30多台矿机，这30多台矿机就是小王的全部身家。也就是说，如果关掉了工作室，小王也就失业了。但是随着比特币全网算力的提升，想要挖到比特币似乎比登天还要难。于是，他转型挖其他的数字货币。他说："虚拟数字资源的'挖矿'与传统能源'挖矿'不同，虚拟数字资源的'挖矿'设备可以重复使用，并不需要担心它的使用价值；传统能源的挖矿设备多半是一次性投资，比如煤矿，煤矿如果没有了煤炭，许多井下开采设备也就会失去价值，最多只能当废铁售卖！"

小王并不担心自己的作坊会面临关闭的问题。另外，他还发现了一个商机，即使在其他数字货币资源面临枯竭的情况下，还可以通过出租、出售算力的方式去创造收入。小王说："南方有一个投资者，他虽然有自己的矿场，但是矿场的算力同样遭遇了瓶颈，他找了许多合作方，最后找到了我。投资者对我说：'我需要合作方提供算力，如果你想要跟我合作，我们可以坐下来谈谈条件！'投资者的这番话反而点醒了我，于是我毫不犹豫地坐下来跟他谈合作的事。其实这种合作简单明了，我给他提供算力，然后按照算力收费。"

这种"出售算力"的生意让我想起了珠三角地区大量企业从事OEM（原始设备制造商）代工。这种给大型矿场或者投资者提供算力的经营方式，似乎与OEM代工方式非常相似。小王也承认，自己更像是一个打工者，或者"包工头"。除了这个合伙人，小王还提到一个神秘的四川老板。这个神秘的四川老板没有自己的矿场，他只是到处寻找合作伙伴，让这些"伙伴"为他提供算力。众所周知，比特币挖矿行业非常特殊，它通常既要考虑矿场规模，还要考虑电费价格等，当你斥巨资建起一家矿场，或许仍旧难以运行。在种种压力和奉献之下，许多人选择了另外一种方式："挖矿不如租矿，租矿不如直接购买算力！"算力该如何进行购买呢？小王解释道："只要打通了一条连接通道，实现矿场和矿池的对接，就可以远程输送算力。算力得到提高，就能大大提高挖币的效率。"对于那些新时代的投资者而言，他们甚至不需要建立矿场，他们只需要挥舞着钞票直接购买算力，就可以成为一名没有"矿"的矿主。

未来，比特币挖矿会越来越难。一方面，人们寄希望出现算力更强的矿机；另一方面，出租和分享算力才是一条终极解决之道。因此，许多矿工、矿主、投资者只有抱团，或者强强联合共同参与挖矿，彼此分享算力，或许才能将剩余的比特币挖掘出来。

11. 比特币投资分析

投资是一门学问，也是一种科学和技巧。投资并不是与生俱来的本领，它需要通过后天的学习、历练与总结，才能领悟投资的真谛。投资通常只有一个目的：获利。如果投资的目的不是为了获利，我们可以用"公益"或"慈善"去代替。投资与投机也存有区别。有人说："投资是合法的，符合价值规律的；投机却带有一种'贬低'的意味，它有可能是不合法、不合规的，损人利己的。"当然，合乎情理的投机也是一种投资，一种目的性极强，且符合规律的投资也可能与投机画等号。投机，从字面上理解，"机会"在投资中占有重要位置。有一位投资专家说过一句话："金融世界是动荡的、混乱的，无序可循，只有辨明事理，才能无往不利。如果把金融市场的一举一动当作是某个数学公式中的一部分来把握，是不会奏效的。数学不能控制金融市场，而心理因素才是控制市场的关键。更确切地说，只有掌握住群众的心理才能控制市场，即必须了解群众将在何时、以何种方式聚在某一种股票、货币或商品周围，投资者才有成功的可能。"比特币作为一种"商品"，它也符合这一"成功"规律。如果人们能够理性地、客观地、冷静地投资比特币，就能够从中获益。

许多炒币者赔了钱，便会自我反思一句："为什么我会赔而别人却赚了？是我运气不好，还是选择的时机不到位？是我太过贪婪，还是别的什么？"通常来讲，成功的人会总结，而失败的人会反思。总结与反思，对于投资者而言，又是非常重要的。比特币虽然是一种新兴事物，但是经过近十年的发展，比特币似乎变成了一种非常成熟的，且具备投资价值的商品。许多人"看衰"它，是寄希望比特币的研发者能够通过技术升级满足更多人的更多需求，并且能够令其体现社会价值，承担起重要的金融产品所应该承担起的角色，而不是将其与"投机"挂钩。在逐渐完善的市场面前，投资比特币也是一种非常令人期待的财产投资。那么我们如何才能通过投资比特币而获利呢？

首先，投资者要消除对比特币绯闻的各种"误会"！作为一名投资者，一定要拥有坚定不移的投资信仰。换句话说，投资者要信任自己的"投资物"，而不是去怀疑它。俗话说："怀疑动摇信念！"如果一个人怀疑比特币，就不适合做一名比特币的投资者；如果一个人质疑股票，也就不适合做一个股票的投资人。信念，对于一名投资者有着关键性的、决定性的作用。

前面我们解释了一个问题：比特币是庞氏骗局吗？理性的人会将比特币与庞氏骗局区分开，比特币只是被某些制造庞氏骗局的人所利用。所以，消除对比特币各种绯闻的误会，树立起坚定的、理智的投资决心是成功投资比特币的"第一核心"！

其次，投资者要学会选择时机，即准确找到买入与卖出的时机。俗话说："时机稍纵即逝。"还有人说："时机是一种非常难以把握的东西。"不管怎样，时机是存在的。是否赚钱的核心之关键所在，就是抓住时机。或许时机是一种规律，这种规律能够预先显示比特币未来曲线的变化，或涨或跌就有可能被正确地预知。众所周知，"高价必出"是投资中的第一学问，什么是"高价"呢？高出自己的投入价即高价，而不是价格的最高点。有经验的投资人永远只会在"爬坡"的过程中抛出，而直接忽略最高点。最高点只是一个"点"，它是动态的、不稳定的。最高点的另外一面是价格的下滑……因此，一名投资者在"低价"吃入的过程中，要时刻保持清醒的头脑，抵御各种非理性的诱惑，根据潜在的变化规律设定可接受的赢利范围。另外，投资者还要时刻检查自己的投资行为，是否符合科学的投资观和财产分配观。

再次，投资者要把"投资"看成一件平常事，放平投资心态，切莫因比特币的一时暴涨或者暴跌而乱了阵脚。有一个资深投资者说："如果你坚定比特币坚挺的币值，就要坚持自己原本的'初心'！如果我们过于看重一时的'得失'，恐怕无法做好投资这项工作。"投资需要良好的心态，需要一种临危不惧、淡定从容的态度。如果一个人乱了方寸，就会在仓惶中做出错误的或者不理智的选择，从而错过赚钱的机会。

从大局来看，比特币虽然没有得到广泛的认可，甚至在小范围内遭到了贬低与打击，但是不可否认，比特币的币值一直呈现出上涨的趋势。它所产生并被赋予的"商品"属性已经不容怀疑。从投资的角度看，比特币的投资市场还是有相当广阔的前景！

第九章

比特币的
"花边新闻"

1. 美国：疯狂屯币的"阴谋"

世界上，只有比特币这种"货币"才有如此多的花边新闻，它完全可以登上娱乐新闻榜单，像一名娱乐圈的演员那样拥有各种各样的绯闻、热点、点击量。如今，比特币非常"疯狂"。电影《飞跃疯人院》里面有一段经典："真正的自由，不会被束缚！"它是自由的，但它又是天使与魔鬼的化身，甚至令人一念天堂、一念地狱。

美国，世界第一大经济体，也是世界上唯一一个超级大国。过去几十年，美国在世界各地挥舞着美元，并且构建起"美元经济体系"。当今世界上，"美元"也是一种所谓的世界性通用货币。美国人喜欢钱，喜欢财富。美元象征着一种财富，黄金象征着一种财富，甚至比特币也有这样的象征。因此，美国酝酿了一个巨大的阴谋：囤币！

为了揭开这个"囤币"阴谋，我们不得不提一个人，大毒枭亚历山大·卡兹。提到这个人，我们还得先说一件事。前几年上映过一部电影，叫《毒品网络》。这部电影讲述了犯罪分子通过"互联网"进行毒品交易和其他犯罪的故事。众所周知，互联网是一个巨大的"能量网"，在这个网络中，既有好的，也有坏的。毒品网络，就是这样一种犯罪网络。大毒枭亚历山大·卡兹就是一个毒品网站的建立者，通过网络，他将毒品贩卖到美国全境。俗话说："邪不压正！"大毒枭亚历山大·卡兹被捕是早晚的事。缴纳的亚历山大·卡兹的各项不法财产中，其中有一个装有价值数百万美元的比特币电子钱包引起了人们的注意。那么这些比特币最后都去了哪里呢？是没收并充公了？还是交易给了其他商人？

事实上，美国司法部因为打击犯罪网络缴获了总值超过10亿美元的比特币，当然这些比特币会用来"交易"，通过比特币交易所或者比特币网络卖给比特币的投资者或持有者。据有关媒体爆料，美国司法部交易大毒枭亚历山大·卡兹的比特币时，比特币的币值已经翻了五倍，这也让美国司法部狂赚了一笔。美国司法部打击犯罪网络，尤其地下黑金网络，从中缴获了用来交易的比特币，且比特币的数额远超人们的想象。从另外一个迹象表明，相关部门并没有急于出售比特币，而是有意识地保留比特币。此时有人问："美国政府发言人以及众多美国投资人并不认可比特币，为何还要'囤币'呢？"在这里，我们需要解析"阴谋"二字。何为"阴谋"？就是一件表里不一、暗藏玄机的事情。比如说，摩根大通的CEO戴蒙说："比特币是场骗局，终将破灭。这种货币不会成功；购买凭空创造的货币，不是很明智。作为华尔街的另一投行，摩根大通可能充当了。"我们从这番话中听到了著名投资人对比特币的一番挖苦，但是"挖苦"的背后是否还暗藏着玄机呢？

事实上，许多表面"唱衰"的投资人都在暗地里操作、收购比特币。他们的这一行为，也反映出比特币潜在的市场价值和无与伦比的投资价值。虽然市面上有千千万万种数字货币，但是像比特币这样受关注的却没有第二个。比特币因为其特殊性，也被美国的相关政府部门当成了一个"宝贝"！在这里，我们不得不提所谓的"笑料"。某执法部门缴获了犯罪嫌疑人价值百万美元的数字货币，然后通过数字货币网络以极其低廉的价格出售给数字货币的投资人。言外之意，该执法部门根本不懂得"投资"，只能以最低廉、最荒谬、最简单粗暴地方式处理掉这些数字货币。这一操作行为，令许多币圈人士感到可笑。

买卖比特币是一门投资学问，是否赚钱并非只看"运气"。对于美国政府相关部门而言，通过打击犯罪网络缴获大量数字货币的方式可以看成是一种"无成本"的获取方式。经过上一次荒唐可笑的"交易"之后，美国政府的相关部门开始有意识地"囤币"，它们并不急于出售了。就好比有人想要"闷声发大财"一样，等待最好的时机再出售。或者说，我们还可以有一个终极猜想：某个国家政府有可能会成为比特币的潜在的"庄家"而控制比特币的投资市场，从而将其改造成一种金融工具。阴谋之所以是个"阴谋"，人们并未推测出美国政府相关组织的这种意图，所谓的推测也只能是一种猜想罢了！

2. 中国：紧急叫停比特币交易

比特币虽然看上去"很美"，但是并不是所有的人和国家都能够接受它。在我国，痴迷比特币的人有许多。比特币作为一种虚拟数字货币，它始终处于一种不能接受第三方监管的状态。在无法得到监管的情况下，这种虚拟的数字货币就会存在着"原发"的不确定性，比如极度的暴涨和极度的暴跌。作为一种"支付手段"，比特币根本没有得到官方的认可。

前央行行长周小川认为，比特币等虚拟数字货币作为零售支付工具并未得到认可，目前央行不接受不认可相关服务。央行推出"封杀令"也是事出有因。比特币作为一种没有政府背书的货币，可以说它根本不属于货币。在这里，我们要补充一个话题：信用货币的信用价值！

法定货币是一种中心化的信用货币，它最大的特点是中心化和信用。中心化，就是有一个组织来管理，管理法定货币的相关组织就是国家，国家是法定货币的发行单位，同样也是法定货币被赋予价值的职能机构。言外之意，只有国家承认并许可的货币，才可以执行货币的职能。比特币是一种虚拟数字货币，它并不是政府机构所研发的，就不存在这样的隶属关系。换句话说，它是民间的、自发产生的。对于这样的数字货币，它不仅没有信用凭证，而且还存在着相当巨大的技术漏洞。后来，前央行行长周小川透露了一个秘密，即国家有推出央行数字货币的打算。如果央行推出法定的数字货币，它也会拥有比特币等数字货币所具备的各种优点。

国家拒绝比特币的原因，并不只有上述这一个，还有其他因素。众所周知，比特币网络有一个非常大的优点，可以实现"点对点"式的跨境交易。如果我们换一下概念，还可以这么理解：比特币的网络可以实现"点对点"式的跨境资金转移。也就是说，有些有不明企图的人能够借助比特币网络实现资金的转移。举个例子：不法分子从事非法活动获得非法资金，然后用比特币网络将这笔非法所得转移到海外，这种"转移"也就是我们常说的"洗钱"！国内某知名的数字货币专家说过一句话："比特币虽然优点很多，同时也具备查询等特点，但是比特币终归是一种私币，而它在冥冥中也搭建起一个隐秘的'转移资本'的通道。所以，只有关闭这个通道才能解决根本问题。"

上述两个原因，我们可以看作是主要因素。我们还可以用简单的句子进行总结，即货币拥有国家的"背书"才能成为一种信用货币，信用货币就是一种法定货币；货币在得到国家监管的情况下才能正常、合法地执行其职能。如果人人都可以绕开国家的监管而随意将资产转移到海外，将会助长某些犯罪集团的犯罪气焰，并且造成资本的外流。

除了上述两个主因，还有两个次因。第一个次因，比特币技术的开源，让世界上所有的人都能够研发出属于自己的"山寨币"。事实上，我国新出现的山寨币有很多，这些山寨币都是基于区块链技术而研发的数字产品，它们也像比特币那样通过"挖矿"获得。事实上，一个国家只允许一种货币进行流动，比如美元、英镑、人民币、欧元等。设想一下，如果人人都掌握了数字货币的研发技术，家家户户都在生产货币，那么数字货币就会对法定货币造成巨大的冲击，并且还会干扰政府对国家经济的调控。有这么一个矛盾的言论："如果人人都在生产货币，用谁家的好呢？"这句话体现了一种"嘲讽"，比特币与那些山寨币似乎没有太大区别。

第二个次因，比特币俨然是一种"投机"工具，而非"投资"工具。比特币市场的剧烈震荡，完全体现了"投机"的特点。国内有一个投资比特币失败的人，他这样理解比特币："如果我们知道它是某个大公司或者大型商业组织开发的，那么它就会像一支股票有自己的理性的波动范围。但是比特币只是一个人所研发的，它缺乏控制，因此它总是像个疯子一样剧烈震动。我因为投资比特币赔了几十万元，我身边的几个朋友也没有赚到钱，都有不同程度的亏损。"这种投机行为所带来的后果，就是泡沫。如今，国家正在执行一个"去泡沫"的政策。如果用"枪打出头鸟"来形容，比特币就是这个"出头鸟"！禁止比特币交易和投资并不是坏事，因为"投机"的商品很难给国家和人民带来益处。

著名经济学家哈耶克说过一句话："法定货币体系的建立，是人类历史上最大的谎言。现在，我们甚至可以这样说，现代的货币体系本身就是一个金融骗局，而电子货币是因这个骗局而产生出的另一个骗局。"如果两个都是"骗局"，恐怕还是选择法定货币体系的人更多！

3. 德国：比特币与法币同地位

在许多中国人的眼里，德国是一个非常严谨的国家，德国人的那种"偏工匠"的精神在其工业领域内更有极致的展示。于是有人认为："严谨迸发出'保守'，从某种程度上讲，德国人是保守的，德国也是保守的！"但是这种"逻辑"根本经不起推敲，就比如"工匠"等于"保守"这个命题是一个假命题。事实上，"工匠"代表着一种创新，这种"创新"能够让严谨的德国人接受一些看上去匪夷所思的事物。众所周知，工业4.0就是德国所提出的。另外，德国人对待"比特币"也有着非常宽容的、开放的态度。

　　过去，德国人非常地固执！他们认为，货币就是现金。因此，绝大多数的德国家庭都有保险柜，且保险柜里面存在为数不少的现金。有人说："什么是'花钱'？花钱就是拿着现金买东西！挥舞着现金的感觉，才是一种'花钱'的真感觉。手机支付？完全没有挥舞钞票的自豪感！"德国人就是这样的，出门喜欢带现金。然而，德国人使用现金这一种"保守"的思想观念在比特币到来之后怎么会发生翻转呢？真相是，德国人讨厌"通货膨胀"。过去，有些中国老年人有一些思想，他们认为现金才是实打实的东西，一毛顶一毛，一块顶一块，一斤鸡蛋三块钱……这就是"实打实"的来源。而"实打实"的另外一层含义是：钱值钱！"钱值钱"从某个角度上讲，就是去"通货膨胀"的，"通货膨胀"意味着钱不值钱。当德国人得知比特币因为其技术原理可以抑制通货膨胀的时候，比特币在德国就变成了一个香饽饽。

　　不久之前，德国财政部下发了一个关乎"比特币命运"的文件，他们不但承认比特币作为一种交易方式进行交易，而且还将比特币当成法定货币来看待。如果人们选择使用比特币进行交易，德国将不会对此进行征税。因此，比特币在德国算是扎下了根，拥有了良好的"成长"基础。有人说："如果比特币真的能够抑制通货膨胀，那么它就比拥有政府背景的法定货币更加有市场。"许多德国人认为，政府的这种信用并不是一种可靠的、永恒的信用，这种信用随时可以被政府收回，或者通过"稀释货币"的方式让人们的购买力下降。因此，他们对去中心化的数字货币有了更好的期待。

　　比特币在德国拥有非常高的人气，据德国联邦信息技术、电信和新媒体协会对1009名德国人进行的调查，其中有4%的人是比特币拥有者，19%的人对比特币感兴趣并有购买的想法。事实上，这个调查数据是一个非常乐观的数据，全德国约有三分之二的人知道比特币这种事物。德国联邦信息技术、电信和新媒体协会的首席执行官伯恩哈德·罗勒德认为："比特币和其他加密货币是一个很好的例子，说明数字时代如何能够改变金融世界。这与其说是关于货币本身，不如说是关于基础区块链技术。这将对整个经济产生影响。"

比特币得到了官方组织代言人的认可，也就等同于得到了德国政府的认可。或者说，是比特币的技术让严谨的德国人产生了好感，这个技术就是区块链技术。2017年，一个全新的组织出现在了德国，德国区块链协会正式成立了。这个"官方"协会在新闻稿中这样写道："区块链将成为下一阶段互联网创新的基础技术，德国有机会通过开创性的监管将自己摆在世界前列。这个联邦协会就是为了帮助抓住这个机会。"

除此以外，德国联邦金融监管局认为"区块链"能够为金融市场建立一种全新的标准。因为区块链技术能够在"跨境支付""银行间的转账""交易数据储存"等方面体现应有的价值。区块链技术是一种革命性的技术，它还可以降低管理成本，提高相关部门的工作效率。唯一令德国联邦金融监管局担心的是，区块链技术依旧存在着缺陷，而这种缺陷会带来非常致命的风险。德国经济部前部长卡尔－特奥多尔·楚·古滕贝格说过一句话："我一直都劝说比特币社区以及区块链社区中的梦想家不要指望这一切会在一瞬间实现，也不要指望每个人都会受到启发。这注定是一趟崎岖的旅途。"

比特币、以太币、区块链等，这些原本只是"币圈"里的名词，如今已经成为德国人嘴巴里的常用语。甚至它们能够成为茶余饭后的话题，而被德国人广泛谈论。有了这样的人气和民间基础，想必比特币在德国能够拥有更好的发展空间。比特币影响了德国人，同时也改变了德国人固执、刻板、保守的形象。

4. 日本：比特币的"强国之梦"

说到比特币，总也绕不过去一个日本人。此人就是中本聪，一个美国裔的日本人。日本对于密码学和数字货币的研究为时已久，当下依旧处于世界领先水平。当中本聪发明出比特币的那一刻，许多日本人便开始欢呼雀跃起来。甚至有人说："比特币不仅是一个发明，更是一个'奇迹'，它似乎代表着一种支付的'终极趋势'！"在如潮一般的褒奖中，比特币在日本民间深深扎根，并且开出了艳丽的花朵。

在这里，我们不得不老调重弹。因为比特币并不仅仅是一种数字货币，它还是一种支付方式。如果用比特币进行购物，大概就像"扫描二维码"那样简单。在支付过程中，比特币又能起到"一般等价物"的作用。换句话说，比特币同时具备支付与价值交换的双重功能。在日本政府给比特币颁发了"合法牌照"之后，就有一些零售商公开宣布，接受比特币交易这一事实。其中大型零售商比酷接受了比特币，相关媒体是这样报道的："关于大型零售商BicCamera开始接受比特币的消息，出现在很多电视新闻、报纸和网站报道上，这则新闻让很多人对比特币产生了兴趣。我们预计，一些大型零售商店和电子商务网站将在今年内推出比特币支付方式，而在接下来的一年，会有更多的商家加入。"

大型购物商场公开接受比特币，也就代表着一种"民意"，通过这种"民意"，我们就能看出比特币在日本的人气和接受程度。在这里，我们不得不提日本的炒币大妈们。日本的炒币大妈与中国的炒黄金大妈有得一比，但是日本的炒币大妈似乎更加疯狂。黄金是一种贵金属，更是一种世界认可的价值代表。也就是说，你可以不认同美元、欧元、英镑，但是必须认同黄金的价值属性。黄金是为"价值"而生的，黄金代表着一种财富。另外，黄金是一种价值稳定的投资品，中国大妈投资黄金是一种客观的、理性的投资！但是日本大妈疯狂投资一个没有被世界所公认，且价值波动巨大的"虚拟商品"不可谓不疯狂。从投资角度上看，日本大妈投资比特币是为了赚钱；从其他角度看，比特币在许多日本人的眼里，确实如黄金一般存在。

除了大型购物商场和日本大妈接受了比特币，甚至连"回转寿司"餐厅也接受比特币支付。设想一下，你在饱尝一顿饕餮盛宴之后用比特币ATM机进行餐费支付……似乎给人一种科技感十足的感觉。饕餮盛宴顺便变成"科技料理"，仿佛将消费者置于一种未来环境中。这家"回转寿司"餐厅的老板说："使用比特币的日本客户数量要超过我们的预期。"

除此以外，日本政府对比特币进行了"大赦"，比特币甚至比美元还有存在感。在日本，如果国外游客或者商人用美元兑换日元，还需要缴纳3%的交易费。如果直接使用比特币购物或者消费，能够享受到"免交易费"的好处。如果直接购买比特币，日本政府也取消了相关的交易费。在日本政府的支持下，如今日本有超过一万家接受比特币支付的商户。为了方便顾客使用并交易比特币，日本比特币交易所与日本金钱货币外汇证券联合发行了一个名为Manepa的银行卡。有了这种银行卡，比特币用户可以直接将比特币冲进银行卡里，并且能够按照相关汇率自动兑换相应的法定货币，比如日元、美元等。事实上，比特币银行卡是一种"跨时代"的标志物，说不定未来有一天日本还会出现比特币银行等机构。

既然比特币在日本非常火热，那么参与"挖币"的人或公司也就有许多。深圳某品牌的比特币矿机经销商爆料，许多日本客户来"华强北"购买矿机。这个经销商说："世界上，有一半以上的比特币矿机是我国生产的。我国生产的矿机质量好，性价比好，深受许多外国客户的青睐！其中，日本客户是一个重要的群体！"相对而言，日本是一个能源匮乏的国家，在日本挖币的成本要远远超出在中国或者俄罗斯挖币的成本。如今，日本比特币交易量已经升至全球第一，而比特币矿工似乎却拖了后腿。日本SBI控股株式会社社长北尾吉孝直言："要找到办法改变中国矿工拥有巨大发言权的现状"。

日本人喜欢比特币，把比特币奉为黄金，甚至还有一些日本币圈的粉丝高呼："日本要做世界最大的比特币国家。"或许比特币还能改变日本低迷的经济现状，帮助日本政府重新振兴日本经济。

5. 俄罗斯：自相矛盾的比特币政策

俄罗斯，一个无法被忽略的大国，这个国家是一个"好战"的大国，俄罗斯民族同样也是"战斗的民族"！在这个国家，如果发生了一些厉害的、吸引眼球的事，千万不要觉得奇怪。举个例子：有一位俄罗斯大亨非常喜欢打牌，为了让打牌这等俗事变得高雅，这位俄罗斯大亨竟然花数亿美元买下一座豪华游艇，并高价雇佣美女模特们陪他一起打牌。还有一位俄罗斯大亨特别喜欢打猎，因此花许多钱买下山林……如果未来有一个大亨喜欢打高尔夫球，花钱买下一艘退役的二手航母也不要觉得惊讶。在俄罗斯，什么事情都有可能发生！

有人说："战斗民族做事就是夸张、大气！"比如，有一个名字叫阿列克谢·科列斯尼克（Aleksey Kolesnik）的商人为了挖比特币，斥资1.6亿卢布买下了两座发电站，这两个发电站在乌拉尔山区。众所周知，比特币矿机消耗电力巨大。为了得到便宜的电，这些商人甚至做出了买发电站的疯狂举动。有人说："为了挖矿买发电站，世界上恐怕只有俄罗斯人做得出来！"

除了用火力发电站为24小时不停工作的比特币矿机供应电之外，甚至连俄罗斯的大型核电站都成为比特币的输出电源。俄罗斯列宁格勒州为了大力发展比特币经济，借助政策优势吸引比特币矿工。列宁格勒州有两座核电站，一座名为LNPP核电站，位于列宁格勒的索斯诺维-波尔镇，另外一座名为LNPP-2的核电站还在建设中。但是列宁格勒州州长先生发话了："对于比特币生产而言，首先，处理挖矿工作的大型区域以及廉价的电力是必须的。"廉价的电力似乎是有所指的，尤其是早已投产并正常输送电的LNPP核电站。核电站能够提供连续不断的、非常廉价的电，而廉价的电对比特币矿工非常有吸引力。

从表面上看，俄罗斯政府似乎非常重视比特币的推广工作，事实上却并非如此！俄罗斯副财长阿列克谢·莫伊谢耶夫（Alexei Moiseev）说了一句意味深长的话："所有比特币或者类似'比特币'的电子加密货币并不会对公众造成太大的威胁，因为它们还没有大规模运用的实例，所以现在并不会对我们的金融体系造成威胁。在将来，它可能会带来很多问题，因为它是不受监管的。"事实上，这句话就是一种"禁令"！想要大大方方地进行比特币交易，恐怕只能以后再说。

2017年，俄罗斯开始对比特币采取一种全面"封锁"策略。有一个有趣的记者在官方的答记者问的环节提了几个问题。第一个问题："法案允许比特币兑换卢布吗？"答案是"不能"！第二个问题："法案允许俄罗斯人在日常生活中使用加密数字货币（比特币）吗？"答案是"不能"！"相关部门会不会对矿工的挖矿行为进行监管呢？"答案是"一定"！新法案的推出，将那些疯狂痴迷于比特币的粉丝们彻底打入了谷底，那些本想靠"核电"挖币的人已经感受到了瑟瑟寒风。我们试问："倘若一个国家只允许你持有比特币而不能消费比特币，你将会怎么做呢？"

当这个问题出现在面前，一些专业人士开始发话了。一个矿场的拥有者说："比特币是一种资源，这种资源就像黄金一样宝贵。即使短时间内得不到政策的支持，我们也应该对比特币有信心。"而俄罗斯某经济学教授则认为："从本质上讲，去中心化的比特币是不具备法定货币特性的，它顶多只是一款投资商品而已！"有人看衰，有些人则认为政府禁止比特币是有意义的尝试！其中一名俄罗斯著名投资人则认为："政府对一个'投机产品'采取这样的对策是完全正确的。俄罗斯的经济不景气，它不能再用一个可以产生泡沫的投机产品为它当'打手'，这对俄罗斯的老百姓来说是一种'不公平'！"在这些敏感的问题上，永远是争论不断！但是从另外一个角度看，俄罗斯并不需要这样一个东西来引导并振兴全国经济。比特币毕竟只是一个虚拟的产物，而俄罗斯需要的是重振实体经济！

与政府的唱衰有所不同的是，民间却十分推崇比特币。2018年3月8日，也就是今年的三八妇女节，许多男士选择加密数字货币代替卢布和玫瑰花，作为一种送给自己至亲的女士的"首选"礼物。据某媒体调查，约有13%的受访男士会选择"加密数字货币"作为礼品，其中60%的人会选择比特币，22%的人会选择以太币，5%的人会选择莱特币，另外一些人会选择其他名字的数字货币。在他们看来，加密数字货币是一种非常显档次的"礼物"，而且这样的"礼物"代表着财富。

总体来讲，俄罗斯人对待比特币的热情不如日本。有人给出一个好玩的评价："俄罗斯的冬天太冷，而且冬天又太长！很显然，比特币这种虚拟的东西并不能给俄罗斯人带来温暖。对于俄罗斯人来讲，面包、伏特加酒、壁炉才是最重要的东西！与这些东西相比，比特币只不过是一种可有可无的'附属品'而已！"

6. 韩国："严管"之后的交易狂欢

有人问：韩国最流行什么？想必许多人会说："韩国流行整容、韩剧和各种化妆品……"当然，这几样也是非常著名的流行元素。但是与骑马舞和"比特币狂欢"相比，就实在算不上什么了！鸟叔因为一首《江南STYLE》而走红，而《江南STYLE》中的骑马舞也火得一塌糊涂。在这首歌里面，提到了"江南"。此"江南"是韩国首都首尔的"江南区"，是一个名副其实的富人居住区，它并不是指中国的江南。首尔江南区聚集着一群富人，这群富人大多数是一些商业精英，对经商、投资等行为非常在行。但是，江南区的大妈更加出名，她们并不擅长在超市门口等着抢"一元一斤、限售两斤"的廉价鸡蛋，而是投资比特币交易市场，成为疯狂的比特币拥有者和投资者。

有一位业内人士说："韩国市场的投资人主要看K线，关注红色和绿色，跟炒股一样，现在比特币交易大多是年轻人参与，学生、上班族，还有富裕的江南大妈，比特币的交易量已经超过股票市场。"韩国人对待比特币的态度，有点与日本相似。韩国大妈为了看K线，可以放下汤锅。如今，韩国的比特币交易量已经位于全世界第三。韩国人喜欢比特币，就像韩国人喜欢网络游戏一样。比特币虽然是一个"投机"品，但是韩国大妈们并不在乎。其中有一位韩国大妈说："如果炒比特币能赚钱，我们为什么还要讨厌它呢？"某韩国媒体还进行过比特币投资者的一些调查研究，他们发现韩国大妈头脑灵活，许多人都赚了钱！

韩国有非常多的美容院，韩国的比特币交易所也有不少，比如比较有名的比特币交易所有Coinplug、Korbit、Xcoin、Coinone等。这些交易所或大或小，交易人数或多或少，各大交易所也存在一种直接的竞争关系。前面我们介绍，比特币交易所并不是那么安全，韩国的比特币交易所也闹出过许多"乌龙"事件，比如客户账号被盗，交易所的"数字货币"不翼而飞等。有的比特币交易所损失惨重并因此而一蹶不振，还有一些比特币交易所也被笼罩了不好的"阴影"，让韩国大妈下意识地捂紧了钱袋子！即便如此，也没有彻底熄灭韩国人投资比特币的热情。除此以外，韩国一家名为Coinplug的比特币交易所与韩国晓星株式会社达成了合作协议，将在韩国全境投放7000台比特币ATM机。

有人说："疯狂的行为如果不进行控制，局面就会失控！"因此，韩国政府给火爆的比特币交易浇一盆冷水也是可以理解的。在这里，人们或许会产生一个疑问，即"泡沫是如何产生的？"泡沫的产生，通常会依赖一个"因"，这个"因"会作用到一个"物"身上，而这个"物"通常与投机有关，比如前面我们讲过的"荷兰郁金香球茎"引发的金融危机。当韩国政府看到约有10%的韩元交易是在比特币交易所中进行的时，这种疯狂的、不理智的行为就需要及时喊停了。于是韩国国务总理李洛渊说："如果放任事态继续发展，将会导致严重的社会扭曲和病态现象。"

韩国政府出台了"禁令"，但是该"禁令"却遭到了许多人的反对。2018年1月15日，约有20万韩国民众在韩国总统府的官方留言板上签写反对书，谴责韩国政府关于数字货币的交易禁令。说白了，韩国政府的这一个行为阻碍了许多来自首尔江南富人区的大爷大妈们的发财梦。挡住了许多人的财路，遭到这些人的抵制也是理所当然的事。禁令推出之后，比特币受此影响，交易价下跌了12%。

比特币在韩国有着非常深厚的市场根基。在这里，我们不得不提一个名曰"首尔比特币"的组织。这个组织是亚洲最火爆、最具人气的比特币组织，拥有资深会员2000多人。这个组织的发起人鲁本·索门森（Ruben Somsen）说："我相信我们成长的决窍是让每个人都为社区做贡献，比特币似乎吸引了一些智力超群、思维开发的人，他们都希望比特币成功，所以最有意义的事就是共同努力。"

事实上，比特币禁令并未浇灭韩国老百姓对比特币的热情，比特币反而像韩国泡菜一样越来越普及。但是在这种"热情"背后也埋下了隐患，人们的价值观也逐渐发生了变化，就像某韩国青年所说："与其一辈子在首尔当房奴，还不如把钱投到比特币市场里！"拥有赌徒心态的比特币投资者，在韩国为数不少！

7. 印度：加大对比特币的监管力度

　　印度与中国有相似之处，它是一个古老的国家，且拥有着古老的传统。因此，印度人的思想相对于西方国家是保守的！比特币是一种新型事物，在印度并未受到太大的关注。有一个印度网友认为："比特币并不能为印度人带来什么！如果带来什么，恐怕只能带来更多的烦恼！"现实中，大多数人都对比特币持有一种悲观的态度。当然，一个事物不可能在任何一个环境下都是有市场的，比特币看上去虽美，但是大多数印度人觉得它并不是美丽的事物。

有一个叫M的印度男子，是一个软件开发工程师。众所周知，印度的软件开发行业十分发达，甚至比许多欧洲国家都要厉害。因此，M是比较早接触比特币这一事物的人。M说："它是存在缺陷的，个别缺陷可能难以解决。"M对比特币的第一印象并不好，它并不是"神"赐予的东西。后来，M有几个朋友进入了币圈，开始炒币。

M的朋友小Q，是一个网络工程师。他无意中得到了6枚比特币，一直把比特币放在自己的"冷钱包"里。起初，他并不觉得比特币是什么，或者它仅仅就是一串字符串而已。到了后来，比特币开始变得值钱，比如一枚比特币可以兑换1000印度比索。小Q对此感到诧异，一枚比特币竟然具备如此升值潜力。于是他花钱买了几十枚比特币，并将其保存"冷钱包"里！

后来小Q劝M："你也买一点吧，这东西好像很有升值潜力！"于是M也进入了币圈，成了一名比特币投资者。他们两个人进入币圈相对较早，而印度并未推出相关的交易限令，两个人在币圈里混得如鱼得水，都小有收获。一年之后，印度也出现了"比特币"热，许多年轻人开始谈论比特币，他们对比特币产生了新的认识。于是，一些商人挥舞着钞票进入了"资金池"，把比特币投资变成了比特币投机游戏，比特币币值随之以"两个极端"的形式进行震荡，那些投资者不是狂赚就是血亏，甚至连有一定交易经验的小Q和M也都赔了钱。

在投机市场里，真正赚到钱的人少之又少。或者说，只有"庄家"才是坐收渔利的人，其他投资者只能陪太子读书。在这种情况下，比特币"魔鬼"学说便诞生了。许多老人认为："比特币是魔鬼，它会给人们带来厄运。"印度政府似乎也在冥冥中嗅到了这样的味道，于是禁令来了！首先，印度财政部公开表示，比特币并没有得到政府认可，它不会得到合法保护，一切与比特币相关的交易行为都是私人行为。其次，印度财政部某发言人采取了一种较为委婉的说辞提醒比特币投资者谨慎行事："投资人和其他此类数字货币交易的参与者，需完全承担风险，因此最好避免参与交易。"再次，"禁令"可能还在发酵！在彻底的"发酵"之前，恐怕还需要一番说辞。比如印度最高法院的技术顾问帕旺·杜贾尔认为："当成千上万人投资加密数字货币出现亏损时，仅仅发表咨询意见是不够的。政府有责任提出规范加密数字货币的法律框架，并保护真正的投资人。"

层层发酵之下，"禁令"先是从商业银行的角度开始运行的。许多印度商业银行开始有目的地冻结一些看上去可疑的比特币交易所的银行账号，逼迫他们停止与比特币等数字货币相关的交易。另外，有一个现象不得不提。在印度，许多投资者为了购买比特币，甚至选择银行贷款……这种现象就非常值得人们深思。举个例子，有一个年轻人总有"一夜暴富"的想法，于是他疯狂地买彩票，甚至把买彩票当成了自己奋斗的事业。除了日常开支，他所有的钱都用来购买彩票。有这么一句话："幸运不会降临在赌徒身上！"这个年轻人为了实现"一夜暴富"的梦想，最后竟然借高利贷继续买彩票。

就在2018年春节前夕，印度总理莫迪也坐不住了。有印度官员表示，比特币就是西方国家制造的一场阴谋，它与庞氏骗局息息关联。此时，印度央行突然发表声明，禁止受监管的所有银行和相关金融部门提供与数字货币交易相关的服务。终极禁令推出后，许多投资者慌了神，他们纷纷表示："如果禁令得不到解除，他们也将退出比特币交易圈！"

比特币在印度并未得到很好的待遇，其他数字货币也是如此。比特币从诞生到现在，一直饱受争议。对待这么一个极具争议的、波动不断的东西，采取"禁令"也是一种合情合理的方式。或许未来，比特币市场和比特币技术变得更加成熟时，印度政府会进行重新评估，并给"比特币交易"适当松绑。

8. 法国：比特币不具备法偿性

浪漫的法国，盛产美味的葡萄酒！法国，同样也是欧洲发达国家的代表。有人说，法国的"浪漫"气质是东西方碰撞的结果。除了葡萄酒和美食，法国是时尚的、开放的、包容的国度。法国是世界的"时尚"中心，许多伟大的设计师都愿意将自己的作品带到巴黎时装秀的T台上进行展示。如果按照法国的这种"包罗万象"的习惯，接受一个新事物并不困难。但是比特币来到法国，却遭遇了冷眼！

为什么喜欢玫瑰和爱情的法国人不喜欢比特币呢？其实，比特币与"浪漫"一点关系也没有，比特币根本不是一个浪漫的东西。许多法国人认为，比特币就是用来投机的。法国人对"投机"的东西不屑一顾，因此也就不会给比特币好脸色看。我们听听一个法国评论者的说法："人们对比特币的本身并不会存有偏见！相反，许多人都认为比特币拥有了颠覆世界的力量，只不过这个'力量'被某些别有用心的人利用了！""别有用心的人"特指那些投机分子，投机分子才是扰乱社会经济秩序的主要元素。

法国KEDGE商学院教授埃里克·皮谢在《比特币升至1万美元：是投机泡沫还是未来价值的体现？》一文中详细描述了比特币是一种投机商品，并且加速了"投机"，因投机比特币所产生的经济泡沫，完全可以"淹没"实体之下的经济。举个例子：倘若世界上有1600万枚比特币，一枚比特币价值1万美元，1600万枚比特币等同于价值1600亿美元的"重磅炸弹"！当这样一笔钱集中在一个"资金池"里，就能造成很大的破坏。与此同时，莱特币、以太币等各种"妖魔鬼怪"也在等待投机分子的钞票而使自己的身价得到飙升……一个本质"虚无"的东西竟然可以撼动一个国家的根基，实在是令人恐惧。那些鼓吹比特币"稀有性"的人，就是比特币的投机者。此时，有一个资深矿工发话了，他认为："严格来说，比特币分文不值，而且是毫无意义的存在。真正对人有价值的，只不过是它的支付功能而已。为了一个'功能'而付出巨大的代价，根本不值！比特币只不过是一种算法而已，任何人都可以开发类似于比特币的'山寨币'。"如果人人都可以造币，币还能值钱吗？

此时有人问："既然比特币不值钱，为什么它现在竟如此值钱？"前面我们已经给出答案了：投机！我们都知道，投机需要一个"物"，这个"物"可以是任何一种东西。这个"物"可以是郁金香球茎，可以是大蒜，可以是绿豆，也可以是贵金属一类，还可以是完全不值钱甚至是"虚无"的东西。投机，就是一个"局"，它甚至可以与庞氏骗局画等号。为了限制这种投机，法国市场监管机构AMF发布了这样一则消息："提供加密货币衍生产品需要授权，并且禁止通过电子商户的方式为此类优惠做广告。AMF已经得出这样的结论：提供这些产品的平台必须遵守授权和商业行为规则，并且这些产品不得通过电子商务的方式进行广告！"事实上，对那些曾经被比特币投资分子伤害过的普通投资者而言，他们希望有一个中心化的制度参与到比特币市场的监督、规范与建设中来。

与此同时，法国央行也站了出来。法国央行认为，虚拟数字货币兑换法定货币是需要平台监管的，用虚拟数字货币购买有形的商品也是不合乎法律的。另外，虚拟数字货币具备交易的匿名性，因此也为洗钱、犯罪交易提供了便利。法国央行行长弗朗索瓦·维勒鲁瓦（Francois Villeroyde Galhau）认为："比特币是纯粹的投机资产！"法国央行第一副行长安妮·罗伊（Anne LeLorier）则认为："恕我直言，如果可能的话，我们应该将其取缔。"

法国人并不讨厌比特币，而是讨厌那些不循规蹈矩的投机分子。事实上，法国仍旧有相当多的人喜欢这类科技感十足的虚拟产品。不久之前，法国总统马克龙公开向人们炫耀自己的"比特币钱包"，马克龙还说过这么一句话："金融监管可以让区块链试验用于债券市场方面……如果试验得到定论，那政府就可以把它扩展到那些非上市证券上，以促进中小企业交易所的出现。"言外之意，比特币交易市场只有接受政府金融组织的监管，才能更加规范，比特币才能发挥其优势功能！

附录

中国对比特币的态度和相关法律

比特币是当前被人们和投资者谈论次数最多的数字货币，过山车式的暴涨与暴跌赚足了人们的眼球。这样一款数字货币，我国政府是否支持、认可？不久前，前央行行长周小川给出了一个非常明确的解释："我们不认可比特币一类的虚拟货币作为零售支付工具，银行系统不接受不提供相关服务。"在此之前，周小川在"全国十三大一次会议"上也曾向记者回答了这个问题："央行比较早就动手关注金融科技上的新技术，进行了多方案的研究，这是我们对科技的总体态度，我们也很关注区块链和分布式技术。比特币等分叉产品出台太快，不够慎重，可能对金融稳定和货币政策传导产生不可预测的作用，我们主张研究一些新东西是好的，但除了市场的动力，还要考虑全局，不是钻政策空子。"言外之意，比特币等民间数字货币存在与国家金融秩序存在一种"冲突"，且这种"冲突"难以在短时间内进行调和。

我们再来看看几个重要的"文件"，这几个重要的"文件"可以明确传递出我国对比特币的相关态度和对策。

2013年12月5日，中国人民银行发布了《关于防范比特币风险的通知》："比特币不是由货币当局发行，不具有法偿性与强制性等货币属性，并不是真正意义的货币。从性质上看，比特币是一种特定的虚拟商品，不具有与货币等同的法律地位，不能且不应作为货币在市场上流通使用。现阶段，各金融机构和支付机构不得以比特币为产品或服务定价，不得买卖或作为中央对手买卖比特币，不得承保与比特币相关的保险业务或将比特币纳入保险责任范围，不得直接或间接为客户提供其他与比特币相关的服务，包括：为客户提供比特币登记、交易、清算、结算等服务；接受比特币或以比特币作为支付结算工具；开展比特币与人民币及外币的兑换服务；开展比特币的储存、托管、抵押等业务；发行与比特币相关的金融产品；将比特币作为信托、基金等投资的投资标的等。"

2017年，中国人民银行、中央网信办、工业和信息化部、工商总局、银监会、证监会等多部门联合发布并正式定性："ICO是未经批准非法融资行为，任何组织和个人不得从事代币发行融资活动。"

2018年1月，互联网金融风险专项整治办工作领导小组发出文件，并提醒："要求各地引导辖内企业有序退出'挖矿'业务，并定期报送工作进展。"

2018年1月，国家多部委再次联合发出"关于防范变相ICO活动的风险提示"，并这样写道："以发行迅雷'链克'为代表，'以矿机为核心发行虚拟数字资产'的模式值得警惕，存在风险隐患。"

从上面的几个重要"文件"来看，我国对比特币持否定态度。比特币交易仍旧存在许多不可控的问题，比如比特币交易确认时间太长，容易发生交易堵塞现象；比如比特币的"挖掘"会造成大量的资源电力损耗；比如比特币的技术构架并不是一种非常成熟的"技术构架"，还存在非常多的漏洞；比如比特币等数字货币存在双花、51%攻击等隐患等。因此，2017年3月10日周小川在"金融改革与发展"记者会上说明："央行高度鼓励金融科技发展。数字货币、区块链等技术会产生不容易预测到的影响。在发展过程中出现的问题，需要进行规范。"由此可见，目前我国并不支持比特币交易和相关ICO代币的发行融资行为。